Controla tu inseguridad en 30 días

Libros de Deborah Smith Pegues publicados por Portavoz:

Confrontar sin ofender
Controla tu actitud en 30 días
Controla tu enojo en 30 días
Controla tu estrés en 30 días
Controla tu lengua en 30 días
Controla la lengua de tus hijos en 30 días
Controla tu inseguridad en 30 días
Controla tus emociones en 30 días
Controla tus finanzas en 30 días
Controla tus temores en 30 días
Oraciones de emergencia

Controla tu inseguridad en 30 días

Deborah Smith Pegues

EDITORIAL PORTAVOZ

La misión de *Editorial Portavoz* consiste en proporcionar productos de calidad —con integridad y excelencia—, desde una perspectiva bíblica y confiable, que animen a las personas a conocer y servir a Jesucristo.

Título del original: *Conquering Insecurity,* © 2005 por Deborah Smith Pegues y publicado por Harvest House Publishers, Eugene, Oregon 97402. Traducido con permiso.

Edición en castellano: *Controla tu inseguridad en 30 días,* © 2015 por Editorial Portavoz, filial de Kregel Publications, Grand Rapids, Michigan 49505. Todos los derechos reservados. Publicado anteriormente con el título *Vence tu inseguridad.* Se ha reducido y adaptado el texto.

EDITORIAL PORTAVOZ
2450 Oak Industrial Drive NE
Grand Rapids, MI 49505 USA
Visítenos en: www.portavoz.com

ISBN 978-0-8254-5695-4 (rústica)
ISBN 978-0-8254-6568-0 (Kindle)
ISBN 978-0-8254-8729-3 (epub)

1 2 3 4 5 edición / año 25 24 23 22 21 20 19 18 17 16

Impreso en los Estados Unidos de América
Printed in the United States of America

Dedico este libro a mi esposo, Darnell,
mi compañero, mi confidente y mi alentador entusiasta.
No hay nadie como tú en toda la tierra.

Agradecimientos

Un agradecimiento especial…

A la familia de Harvest House: Bob Hawkins Jr., presidente, por su humildad, su pasión y su compromiso con el desarrollo espiritual de aquellos que aman la lectura; a Terry Glaspey, director de adquisiciones y desarrollo, que me hizo salir de mi zona de comodidad para hacer un trabajo profundo; a Kim Moore, mi editora, que me convenció de que podía hacerlo; y a todo el personal por el espíritu de equipo que hace que la compañía sea tan poderosa como es.

A P. B. "Bunny" Wilson, por su sabiduría y ejemplo devoto de lo que puede llegar a ser una mujer emocionalmente segura.

A mis amigas en el ministerio: Terri McFadden, Theresa McFadden, Sandra Arceneaux, Marilyn Beaubien, y Pat Ashley, por su aliento.

A mi grupo de estudio de la Biblia: LaTanya Richardson Jackson, Cookie Johnson, Charlayne Woodard, Akousua Busia, Wanda Vaughn, Andi Chapman, Candida Mobley-Wright, Eula Smith, Jennifer McHenry, Cheri Townsend, Patricia Moore, y Pat Kelly, cuyo apetito y receptividad por la Palabra me mantuvieron investigando los principios que aquí se tratan.

A todos los que participaron de forma anónima para que el mundo pudiera beneficiarse con su historia.

A mi familia, por su apoyo inquebrantable en todo lo que hago.

A mi esposo, Darnell, quien tuvo que soportar mis horas de soledad y el hecho de no estar disponible a fin de poder lograr este libro.

Y por encima de todo, a mi Señor, que es, de hecho, el autor y consumador de esta obra.

Contenido

Parte 4: Los hábitos de las personas emocionalmente seguras

Día 1

Afronta tu inseguridad

El culto del domingo por la mañana estaba en pleno apogeo en la Faith Covenant Church. Sherry apartó los ojos de su himnario justo a tiempo para ver que el acomodador conducía a una joven de bonita figura al asiento del otro lado de su esposo John. Sherry se encogió al ver la belleza de aquella mujer y se regañó a sí misma en silencio por haber abandonado su última dieta. Por supuesto, John era un marido amoroso que nunca le había sido infiel, y que no era propenso a mirar a otras. No obstante, Sherry pensó en pedirle que se cambiara de lugar con ella, pero decidió que el motivo hubiera resultado demasiado obvio.

Al otro lado del pasillo, Jerry, el líder del salón, ojeaba el boletín semanal. Lo que vio le hizo ponerse verde de envidia. Lois Smith, la última contratada del personal de la iglesia, aparecía como "Empleada del mes". Hasta la llegada de esta superestrella llena de credenciales, Jerry era el miembro más estimado del personal. Aunque solo había terminado la escuela secundaria, era uno de los fundadores de la iglesia. Asistía fielmente a los servicios programados, y era la persona oficial a quien acudir cuando surgían la mayoría de los problemas; por lo menos, lo había sido hasta que la iglesia comenzó a crecer a pasos agigantados. Ahora el pastor estaba contratando profesionales de gran experiencia y con habilidades técnicas y gerenciales extravagantes. Incluso estaba elevando sus expectativas respecto a los líderes contratados y a los voluntarios. A Jerry le parecía que su estatus se estaba erosionando día a día.

Finalmente, en el púlpito, el pastor Terry estaba preocupado por la creciente popularidad del anciano Moore, el profesor del estudio bíblico para hombres. ¡La asistencia a su clase era lo suficientemente voluminosa como para iniciar una pequeña iglesia! El anciano Moore era un gran comunicador, sus mensajes eran pertinentes y estaba genuinamente preocupado por los hombres y sus asuntos. No era ningún secreto que ellos lo admiraban y le consideraban un mentor. Además, también era un hombre de familia sólido y equilibrado. El pastor Terry nunca había oído a nadie difamar el carácter del anciano Moore. En resumen, el tipo era virtualmente perfecto. El pastor Terry vacilaba entre verlo como un recurso valioso o como un problema en potencia.

¿Qué tienen en común Sherry, Jerry y el pastor Terry? Están batallando con un gigante emocional que vive en sus mentes y hace que se sientan incompetentes, inseguros o dudosos de su capacidad para desenvolverse en los aspectos esenciales de la vida. Es el gigante de la inseguridad. Sin respetar a las personas, la inseguridad puede infiltrarse e influir en todos los aspectos de la vida de una persona. Ataca a los individuos desde los peldaños más altos hasta los más bajos de la escala social, económica y espiritual. Si bien se desarrolla en la mente, la inseguridad no es un trastorno psicológico.

La inseguridad es una mentalidad incrédula, arraigada en el temor y alimentada por la ignorancia espiritual y natural. Fue mi compañera frecuente hasta que descubrí cómo reconocer y vencer sus muchas manifestaciones.

En los siguientes capítulos compartiré contigo las verdades que Dios me ha revelado para conquistar a este gigante. Te presentaré personajes bíblicos, así como personas de la era moderna, que pueden ser un espejo de tu propia conducta o la de alguien que conoces. Tus relaciones mejorarán a la vez que aprenderás a comprender los temores que hacen que te comportes de determinadas maneras: en el hogar, en el trabajo y en el ocio. Aprenderás a estar alerta respecto a este insidioso enemigo, y a vencerlo cada vez que surja en tu vida.

No es mi intención ofrecer un análisis profundo de las numerosas circunstancias o situaciones que pueden hacer que una persona sea insegura. Es suficiente decir que la inseguridad es un comportamiento aprendido y que se aprende en los primeros años de la vida. Su origen puede encontrarse en experiencias traumáticas de la niñez, tales como la pérdida de un padre o una madre debido a su muerte, divorcio, drogadicción o abandono; burlas crueles y rechazo por parte de otros niños; rechazo de los compañeros durante los años de formación debido a una discapacidad o a otra "diferencia" física; un progenitor demasiado crítico, poco cariñoso, no afirmador; un maestro prejuicioso, que no proporcionó apoyo; un entorno familiar inestable debido a las continuas mudanzas por motivos laborales; o padres irresponsables desde el punto de vista financiero, por nombrar algunas.

Rastrear tus diversas inseguridades desde sus orígenes sería tiempo bien empleado. Por lo menos conocerías la base del problema. No obstante, si bien es útil comprender el camino que te llevó a tu nivel actual de inseguridad, es más importante ubicarse en el camino de la recuperación. De eso trata este libro.

En la parte 1, "Los síndromes de la inseguridad", analizaremos siete personajes bíblicos y veremos cómo su inseguridad afectó a sus vidas y a las vidas de los demás. En la parte 2, "Los obstáculos a la confianza", te retaré a hacer una auditoría introspectiva de siete conductas que pueden estar impidiendo que te conviertas en la persona confiada que deseas ser. En la parte 3, "Estrategias para conquistar al gigante de la inseguridad", comienza la batalla. Estos capítulos son un paralelismo de la historia de David y Goliat y te muestran cómo vencer tus inseguridades a pesar de realidades evidentes o de la falta de aliento de otras personas.

Para cuando llegues a la parte 4, "Los hábitos de las personas emocionalmente seguras", habrás conquistado al gigante —o sabrás cómo hacerlo— y te mantendrás en equilibrio para ejemplificar un comportamiento que exprese la victoria que has logrado a través de la gracia de Dios.

Autoevaluación rápida

Antes de comenzar, haz una evaluación rápida de tu nivel de inseguridad actual. Contesta sí o no a las preguntas que figuran a continuación. Sé sincero. Una debilidad reconocida puede convertirse en tu mayor fortaleza y en el camino más rápido hacia una vida emocionalmente equilibrada y satisfactoria.

Cuestionario sobre la inseguridad

1. ¿Sientes resentimiento o criticas a las personas que son asertivas, confiadas o capaces en áreas en las que tú te sientes inadecuado?
2. ¿Te pones nervioso cuando parece que alguien puede ocupar tu lugar destacado en un determinado entorno o relación?
3. ¿Alardeas acerca de tus posesiones, tus logros, o conocidos famosos a fin de obtener la admiración de los demás?
4. ¿Te sientes perturbado cuando alguien no está de acuerdo con tu opinión o rechaza tu consejo?
5. ¿No puedes aprovechar determinadas oportunidades por temor a fracasar o a no resultar competente para la tarea?
6. Cuando trabajas en equipo, ¿prefieres "brillar solo" en lugar de que el grupo comparta el crédito por tus ideas?
7. ¿Te resistes a dar o recibir críticas constructivas?
8. ¿Te resulta difícil decir que no o expresar tus límites o preferencias personales en las relaciones?
9. ¿Te sientes menospreciado cuando alguien le dice a un amigo, un hermano, un compañero de trabajo, u otra persona un cumplido o un elogio en tu presencia?

10. ¿Te sientes incompetente o inferior debido a determinados rasgos físicos que no pueden cambiarse, tales como tu altura, el color de piel, una deformidad física, una discapacidad, rasgos faciales o la edad?

Si contestaste afirmativamente a cualquiera de estas preguntas, lo más probable es que estés luchando con la inseguridad en algún nivel. Si contestaste que sí a cinco o más, la inseguridad está instalada en tu vida. No te desesperes; conquistarla no es imposible. Puedes romper su poder y convertirte en una persona emocionalmente segura. Ten paciencia y comprende que este será un proceso más que un evento.

Parte 1

Los síndromes de la inseguridad

Síndrome: *Un patrón de comportamiento distintivo.*

Día 2

Justificar los celos

Cruel es la ira, e impetuoso el furor; mas ¿quién podrá sostenerse delante de la envidia?

PROVERBIOS 27:4

El rey Saúl se encontraba en un verdadero dilema. David, un advenedizo desconocido, había matado a Goliat, el gigante filisteo, y cada día conseguía más popularidad. De hecho, las mujeres literalmente cantaban sus alabanzas (lee 1 S. 18:6-9).

Enojado y humillado por la canción, el rey Saúl se embarcó en una campaña para borrar a David de la faz de la tierra. El inseguro rey fue implacable en su persecución, participando en repetidos intentos por asesinar al joven inocente a quien ahora veía como rival para su trono (1 S. 18—26). David se convirtió en un fugitivo corriendo de un lugar a otro para escapar de la ira de Saúl.

¿Qué emoción consumía y alimentaba las acciones de Saúl? Eran celos a secas, no adulterados, el temor a ser desplazado. Estaba resuelto a no descansar hasta haber eliminado la amenaza de su reino.

Podemos aprender del ejemplo de Saúl. Cuando intentamos destruir a alguien a quien consideramos una amenaza de cualquier tipo —ya sea profesional, de relación o de otra índole— nos embarcamos en un camino que muy probablemente nos lleve a un callejón sin salida. Saúl no consiguió matar a David. En cambio, él y todos sus hijos fueron asesinados en una batalla contra los filisteos (1 S. 31). Después, David se convirtió en rey de Israel de acuerdo con el plan soberano de Dios.

El plan soberano de Dios es un factor en nuestras vidas que debemos recordar constantemente para tenerlo en cuenta. Cuando los celos alzan su cabeza e intentan hacernos temer que vamos a ser desplazados de cualquier manera o en cualquier circunstancia, debemos aplastar esos pensamientos negativos con Salmos 139:16: "Mi embrión vieron tus ojos, y en tu libro estaban escritas todas aquellas cosas que fueron luego formadas, sin faltar una de ellas".

Sustentar mi suerte

Hay dos verdades respecto de las cuales intento ser consciente cuando siento la tentación de los celos. En primer lugar, Dios me respalda. En segundo lugar, Él tiene un plan soberano para mi vida.

David conocía la clave para evitar esta trampa. Proclamó: "Jehová es la porción de mi herencia y de mi copa; tú sustentas mi suerte" (Sal. 16:5). He llegado a comprender que cuando Dios ha resuelto que algo es mío, no necesito sustentarlo, en el sentido de cuidarlo, por temor a que se escape. Esa es tarea de Dios, no mía. Mi responsabilidad es alimentar y disfrutar de la bendición diariamente en lugar de obsesionarme pensando si será mía mañana. Abrazar esta verdad puede liberarte de la ansiedad por lo desconocido. Por otra parte, cuando

Dios, en su sabiduría, ha decidido que algo no debe ser mío, debo someterme a su plan y dejarlo ir. Aferrarme a ello me mantendrá en el foso de la inseguridad mientras la cosa sigue eludiéndome. Desde luego, necesitaré la intervención sobrenatural de Dios para que me ayude a dejarlo ir, pero por lo menos sé que su gracia habilitadora está disponible para ello. Debo confiar completamente en Dios para que sustente lo que es mío. Cuando un hijo de Dios sucumbe al abismo de los celos, participa del último acto de incredulidad.

El cónyuge celoso

Puede que digas: "Pero yo no soy el celoso. ¿Cómo me enfrento a los celos de mi cónyuge?". Si estás comprometido a permanecer en tu relación, debes comprender la causa principal del temor que siente tu cónyuge a ser desplazado.

Veamos el caso de un hombre al que llamaré Kory. Es hijo ilegítimo de Ronald, un hombre altamente respetado en su comunidad por su riqueza e influencia. La madre de Kory, Wanda, era íntima amiga de la esposa de Ronald. Cuando nació Kory, Wanda estaba demasiado avergonzada por su traición como para revelar el nombre del padre de Kory. Sin embargo, cuando Kory llegó a la escuela secundaria, su madre le dijo la verdad acerca de su nacimiento. Para entonces, la esposa de Ronald se había separado de él y se había mudado a otro estado.

Kory me contó que un día estaba en el centro haciendo compras con Ronald cuando se toparon con uno de los amigos de Ronald, quien hizo un comentario sobre cuánto se parecían. El amigo inquisitivo siguió: "¿Es tu hijo?". Ronald se negó a contestar directamente y desvió la pregunta con una respuesta despreocupada. Kory se sintió morir. Tomó la respuesta de Ronald como un rechazo hacia él. Quería que su padre se sintiera orgulloso de reconocerlo. Kory nunca le dijo a Ronald cómo lo había afectado ese incidente. En cambio, prefirió ocultar su pena y mentalmente revivir el incidente en cada ocasión que tenía para poder sentir lástima de sí mismo. Hasta el día de hoy, Kory ha tenido problemas con cada mujer con la que ha intentado relacionarse románticamente. Su ex esposa me confió que durante su matrimonio él era sumamente celoso. Él incluso me confesó que con frecuencia sentía que las mujeres de su vida siempre acababan abandonándole. Kory permitió que un incidente destruyera su capacidad de confiar.

Cómo tratar con un cónyuge inseguro

Si estás tratando con un cónyuge inseguro, debes hacer todos los esfuerzos posibles para ser responsable. Es importante brindar voluntariamente detalles adecuados (léase: *adicionales*) a una persona insegura. Después de todo, está buscando reafirmación. Aprende a explicar tu paradero de una manera informal pero completa. Las respuestas cortas, monosilábicas, solo generan más inseguridad y dejan a la persona libertad para imaginar escenarios negativos. Después de todo, la persona celosa piensa que no tiene lo que se necesita para mantener la relación.

No cometas el error de pensar o decir: "No es complicado, solo necesitas vencer tu inseguridad". Si fuera tan fácil, ya lo hubiera hecho. Continúa orando para que esta mentalidad debilitadora se cure, pero haz tu parte de no exacerbar el problema con una comunicación vaga. Más que nada, alienta a tu cónyuge para que hable sobre sus temores. Escucha sin ser crítico ni emitir juicios. Aclara que tienes intenciones puras respecto a tu relación. Pero esto es algo importante a tener presente: mantente equilibrado en tu interacción. También debes dejar claro que no quieres verte forzado a ocupar una prisión emocional teniendo que dar cuenta de cada momento del día. Esto también podría exacerbar los celos y establecer expectativas irreales.

Sabiduría o inseguridad

Puede que algunas situaciones requieran que ejerzas un tipo de sabiduría que haga que los demás te acusen de ser inseguro. Por ejemplo, independientemente de cuán fiel sea tu esposo, puede que no sea una buena idea permitir que tu amiga pase el fin de semana en tu hogar con él mientras tú no estás. Conozco a una mujer que periódicamente permitía a su esposo llevar a su mejor amiga a casa tarde por la noche. Se sintió morir cuando más tarde descubrió que estaban teniendo una aventura. La sabiduría hubiera dictaminado que ella los acompañara, aún a riesgo de parecer insegura.

Una vez le pregunté a la esposa de un pastor muy popular, conocido internacionalmente, si ella acompañaba con frecuencia a su marido en sus numerosos compromisos de disertación en diversas ciudades y países. Ella respondió con resolución: "Hay que hacerlo". Por supuesto, esto no quiere decir que los hombres de la iglesia nunca tengan que viajar solos. Esta fue simplemente la manera de una mujer de ser una salvaguarda visible para su esposo.

Ahora bien, puedes decir que si tiene que producirse una aventura amorosa, sucederá de todos modos. Simplemente debes saber que, una mujer sabia, no le sirve a su marido otra mujer en bandeja de plata.

Reto a la confianza

- Describe una situación en la que temes sentirte desplazado.
- Lee, anota y medita con frecuencia sobre Salmos 139:16.
- Recuérdate a ti mismo que nadie salvo tú y Dios puede afectar su plan para tu vida.

Día 3

Mostrar envidia

Cruel es la ira, e impetuoso el furor; mas, ¿quién podrá sostenerse delante de la envidia?

Proverbios 27:4

A diferencia de los celos (el temor a ser desplazado), la envidia es un sentimiento de maldad hacia los que poseen aquello que uno quiere. Es importante comprender esta diferencia. Los celos dicen: "Tengo miedo de que vayas a tener lo que tengo". Por otro lado, la envidia dice: "Quiero lo que tú tienes ¡y siento resentimiento hacia ti por tenerlo!". La envidia es una de las emociones que con frecuencia se oculta. Es más probable que una persona admita que tiene un temperamento incontrolable, una fobia o cualquier otra emoción negativa a que reconozca que es envidiosa.

La envidia puede forzarte a un ciclo de resentimiento e inseguridad al comenzar a preguntarte qué hay en ti que impide que obtengas lo que deseas. Tu descontento con tu situación se convierte en el caldo de cultivo para la inseguridad y sus pensamientos debilitantes: "No mereces tener eso"; "No tienes la belleza, la inteligencia, el cuerpo, la personalidad, el estatus social, los contactos o *lo que sea* para siquiera soñar con algo así". Tener pensamientos tan negativos puede dejarte chamuscándote en el desierto de la envidia y ansiando solo una gota de las bendiciones que parecen caerles como lluvia a los demás.

Debes detener de inmediato tu tren de pensamientos y abordar la realidad de que siempre habrá alguien dentro de tus diversos círculos de relaciones que gozará de una ventaja que tú deseas. No caigas en la trampa de creer que la vida de alguien es perfecta solo porque tiene algo que tú quieres tener. La vida es mucho más compleja que eso. Todos tienen al menos un aspecto de su existencia que querrían que fuera diferente. Confía en mí, hay alguien en tu círculo que te envidia por algo que tú posees. Ora por una valla de protección que rodee tus emociones para que la envidia no te arrastre a un pozo de inseguridad y resentimiento hacia los demás.

Envidiar la confianza

Después de echar al rey Saúl por su desobediencia, Dios envió al profeta Samuel a ungir a un nuevo rey para la nación de Israel. Lo dirigió a la casa de un hombre llamado Isaí, que tenía ocho hijos varones. Cuando Samuel puso los ojos en Eliab, el hijo mayor, no pudo ocultar su entusiasmo por la aparente elección (1 S. 16:6-7).

La apariencia alta y bella de Eliab lo hizo parecer adecuado para una posición encumbrada. Su presencia de rey incluso había persuadido a Samuel, un hombre de Dios ungido, juicioso y maduro que literalmente creció en la iglesia. Sin embargo, Dios, siendo omnisciente, vio algo en el corazón de Eliab que lo descalificaba para el puesto principal de la nación.

Siete de los hijos de Isaí pasaron frente a Samuel para

su consideración. Por supuesto, nadie sabía que Samuel tenía la tarea secreta de ungir a un nuevo rey. Solo sabían que alguien iba a ser ungido para algo especial. Dios los rechazó a todos y eligió a David, el hermano menor (1 S. 16:11-12).

Imagina los pensamientos que deben haber inundado la mente de Eliab a estas alturas. "¿Qué pasa, Señor? Yo soy el hijo mayor. ¡Pensé que era mi derecho de primogenitura ser el primero en la línea para recibir el lugar de honor o cualquier otro beneficio selecto!". Eliab tuvo que soportar la frustración y la humillación de ser rechazado en favor de su hermano menor. El rechazo produce un enojo que con frecuencia se dirige al *elegido* y no al que *rechaza*. Vemos esto cuando una mujer encuentra a su hombre con otra mujer y dirige su venganza hacia la mujer inmoral. Una pelea subsiguiente entre ellas es lo habitual mientras el hombre se queda de pie mirando, a veces con deleite.

Eliab, sin duda, albergaba sentimientos de resentimiento hacia David. El resentimiento es simplemente un enojo no resuelto que se "reenvía" al interior. Por desgracia, una vez que el resentimiento entra en el corazón, actúa como un radical libre que produce un cáncer emocional. Finalmente se manifestará de alguna manera destructiva, ya sea comiendo demasiado, comprando en exceso, atacando violentamente, siendo sarcástico o lastimando físicamente a los demás.

La envidia de Eliab y su resentimiento llegaron al extremo cuando Israel estaba en guerra con los filisteos. Isaí envió a David al campo de batalla para llevar alimentos y otros elementos necesarios para sus hermanos que estaban en el ejército del rey Saúl. David se indignó, con razón, cuando llegó y oyó acerca de Goliat, el gigante filisteo, que se mofaba de los israelitas y los intimidaba (1 S. 17:26-29).

¿Has notado alguna vez que cuando una persona insegura se encuentra con alguien que es confiado, con frecuencia lo acusa de ser arrogante o presumido? De todos los hombres presentes, ¿por qué Eliab fue el único que reaccionó tan vehementemente a las declaraciones de David? David no había tenido un comportamiento que incitara a la envidia de los demás, ni intentó abochornar a Eliab de ningún modo. De hecho, las preguntas de David ni siquiera estaban dirigidas a su hermano. Así, toda la vergüenza que sintió Eliab fue autoimpuesta.

Al ahondar un poco más en las Escrituras, podemos comprender la raíz de su problema. Eliab era alto y físicamente fuerte. Y si bien parecía preparado para luchar contra el gigante, huyó de él como lo habían hecho todos los demás. Eliab sintió la presión de su hermano menor demostrando la confianza y el valor que él había eludido. Para empeorar las cosas, su nombre significaba "Dios (El) es mi padre (ab)". Al meditar sobre esta historia, un pensamiento vino a mi mente: "Él está usando el nombre, pero dejando a Satanás que haga su juego".

Antes de que juzguemos a Eliab, mirémonos al espejo. ¿Cuántos de nosotros estamos usando el nombre "hijo de Dios", pero dejamos que Satanás haga su juego al permitir que el gigante de la inseguridad controle nuestras vidas?

En contra de la acusación de Eliab, David no era petulante, sino que estaba convencido de que Dios honraría su pacto con los israelitas de protegerlos y de vencer a sus enemigos. Eliab envidiaba la confianza de David. Y, según la manera característica de una persona insegura, intentó menospreciar a la persona que envidiaba, incluso a un pariente de sangre.

Envidia familiar

Tal vez formes parte de una familia en la que, por omisión, eres el designado para resolver los problemas. Ese es mi papel. Y, como yo, tú probablemente hayas tenido la experiencia de que otros miembros de la familia se hayan sentido molestos por tu capacidad para hacerte cargo de una situación. Ellos envidian tu confianza al enfrentar temas de forma directa y tu capacidad para pensar con claridad, sobriedad y objetividad al resolverlos.

Si actualmente estás atravesando una situación en la que a los demás les molesta tu experiencia, comprende que tú no eres el problema. Tu familia, amigos, compañeros de trabajo, u otros detractores simplemente están respondiendo a su propio sentido de falta de competencia. Tu mera existencia y todo lo que representas supone una amenaza para ellos. Reconoce y busca comprender su inseguridad y haz un intento razonable por incluirlos en el proceso de la toma de decisiones, cuando sea posible. Lo más importante: mantén una actitud positiva, humilde. Toma la decisión consciente de perdonarlos de inmediato si ellos te critican.

Menospreciar a los demás

Alguien dijo una vez: "Ningún hombre es un fracaso total hasta que empieza a detestar a los hombres que tienen éxito". Yo estoy totalmente de acuerdo. Tengo dos conocidas, a quienes llamaré María y Sara, que son empresarias del mismo negocio de servicios. Sara es muy profesional, brinda un excelente servicio al cliente y es sumamente atenta al enviar tarjetas de cumpleaños a los amigos y socios del negocio. Un día le resalté a María la maravillosa persona que era Sara. Su respuesta me pasmó: "Sabes que tuvo una aventura amorosa, ¿no?". Supe de inmediato que su comentario partía de un corazón envidioso. Sara tenía una gran reputación entre todos sus clientes, mientras que los asuntos de María siempre parecían estar preñados de malos entendidos y conflictos. Siendo la persona tímida que (¡no!) soy, le pregunté: "¿Por qué me dices eso? ¿Quieres que piense mal de ella?". Por supuesto, María negó que esa fuera su intención. Dijo: "No, solo pensé que debías saber eso ya que todos piensan que Sara es muy inocente". ¿Quién estableció que fuera María la que tenía que corregir la percepción que las demás personas tenían sobre Sara?

Irónicamente, Sara ya me había hablado de su remordimiento por haber tenido un romance y me comentó que ya había hecho las paces con Dios respecto a ello. Sin embargo, María era demasiado envidiosa e insegura como para permitir que cualquier elogio fuera a parar a su competidora. Evidentemente, creía que un cumplido dirigido a Sara era un golpe contra su valoración. Debemos considerar nuestra motivación al hacer comentarios desdeñosos de los demás. Una cosa que he aprendido es a ser sincera conmigo misma. David nos recuerda en Salmos 51:6 que Dios desea la verdad en "lo íntimo". Allí es donde comenzará la sanación: en los huecos profundos del corazón.

Hay muchos aspectos en la vida de otra persona que podríamos envidiar. Si estás listo para ser verdadero en lo íntimo, revisa la lista que está más abajo y considera sinceramente si hay una persona a quien envidias debido a una o más ventajas o posesiones. Al nombrar el blanco de tu envidia, recuerda cómo has interactuado con esa persona o tratado con ella en el pasado. ¿Hiciste alguna vez comentarios críticos sobre ella? Ahora, usando una escala del uno al diez, siendo diez el más alto, da un paso más y califica tu nivel actual de contento en cada una de las áreas correspondientes de envidia potencial.

Área de envidia potencial	**Mi nivel de contento** (1-10)
Seguridad financiera	______
Logros profesionales	______
Inteligencia/Educación	______
Atractivo físico	______
Juventud/Vitalidad	______
Confianza/Afirmación	______
Lugar de residencia	______
Estado civil	______
Posición social/Popularidad	______
Hijos exitosos	______
Ser "privilegiado" o favorecido	______
Sofisticación/Gusto	______
Otros: ____________________	______

Al completar este ejercicio, puede que hayas advertido rápidamente que cuanto más alto es tu nivel de satisfacción en un área determinada, menos probable es que sientas envidia respecto a esa área. El objetivo de este ejercicio es el de comenzar a hacer que tu envidia trabaje para ti como una fuente de revelación y motivación. La pregunta clave que deberías hacerte es: ¿Está dentro de lo *posible* que yo obtenga lo que me causa envidia? La envidia se ve reforzada si sientes que nunca podrás lograr lo que codicias. Considera como *imposibles* cosas tales como crecer en altura, estar casado con el cónyuge de otra persona, cambiar de padres, y demás. Si no es posible obtener lo que deseas, disponte de corazón a aceptar el plan de Dios para tu vida. Si lo codiciado es posible, hazte la siguiente pregunta: ¿Estoy dispuesto a pagar el precio para obtenerlo?

Reto a la confianza

- Dentro de las siguientes semanas, busca a alguien al que hayas envidiado. Invítalo a almorzar o a cenar en tu restaurante favorito (no te olvides de pagar la cuenta) solo para "sacarle ideas" acerca de un área en la que sobresalga. Si no está inmediatamente disponible, niégate a percibir su respuesta como un rechazo personal. Recuerda: estás venciendo tu inseguridad. Ten paciencia. Persevera.

Día 4

Buscar significancia

Alábete el extraño, y no tu propia boca;
el ajeno, y no los labios tuyos.

PROVERBIOS 27:2

¿Estás atrapado en tus propias posesiones? ¿Te has rodeado de cosas que crees que los demás valorarán mucho? Esto es lo que hacen muchas personas inseguras. En muchos casos, se endeudan para comprar esas cosas y, para colmo, incluso pueden alardear de estas posesiones. Las personas que alardean de sus logros o posesiones con frecuencia dudan de ser aceptadas por su propio valor personal. Creen que deben desviar la atención de las personas hacia algo o alguien que están seguros que para los demás será impresionante.

Esa fue la situación de Amán. El rey Asuero lo había nombrado primer ministro, haciendo que Amán fuera el segundo hombre más poderoso de toda Persia. Tenía todo lo que un hombre podría desear: familia, amigos, favores, fama y hasta fortuna. Su ascenso a esta posición próspera, sin embargo, no curó su baja autoestima y su persistente inseguridad. Alardear se convirtió en la norma en sus conversaciones, incluso en su hogar con su familia. Fíjate en la conversación al final del día con su esposa y amigos.

> *Y les refirió Amán las glorias de sus riquezas, y la multitud de sus hijos, y todas las cosas con que el rey le había engrandecido, y con que le había honrado sobre los príncipes y siervos del rey. Y añadió Amán: También la reina Ester a ninguno hizo venir con el rey al banquete que ella dispuso, sino a mí… (Est. 5:11-12).*

Fíjate en la conversación de Amán. Todo trata de él. Observa el extremo egocentrismo y la falta de naturalidad de las personas que vinculan su seguridad interna a sus "cosas". Al igual que Amán, sus conversaciones giran solo en torno a las cosas que los afectan. Tristemente, su alardeo reveló su búsqueda de significancia. Pero la historia se vuelve peor.

El rey Asuero había ordenado que todos se postraran ante la presencia de Amán. Todos. Sin embargo, cuando un judío insignificante, Mardoqueo, se negó a hacerlo, Amán se enojó tanto que comenzó a tramar no solo la muerte de Mardoqueo, sino también la aniquilación de todos los judíos. Decidió hacer un viaje especial al palacio para obtener el permiso del rey para poner en práctica su plan.

Sin embargo, al llegar al palacio no tuvo la oportunidad de hacer su solicitud. El rey estaba en un asunto apremiante que necesitaba de la atención de Amán. Por designio de Dios, Asuero no había podido dormir la noche anterior y había decidido leer algunas de las crónicas de los eventos que habían sucedido durante sus 12 años de reinado. Leyó que Mardoqeo realmente le había salvado la vida al sacar a la luz la conspiración de dos hombres que tramaban asesinarlo. El rey nunca había expresado su agradecimiento a Mardoqueo, ni siquiera con una nota. Evidentemente un desacierto burocrático, pero providencial.

Cuando el rey le preguntó a Amán qué haría por un hombre a quien deseara honrar, Amán supuso que el rey estaba hablando de él. Así que respondió:

> *Para el varón cuya honra desea el rey, traigan el vestido real de que el rey se viste, y el caballo en que el rey cabalga, y la corona real que está puesta en su cabeza; y den el vestido y el caballo en mano de alguno de los príncipes más nobles del rey, y vistan a aquel varón cuya honra desea el rey, y llévenlo en el caballo por la plaza de la ciudad, y pregonen delante de él: Así se hará al varón cuya honra desea el rey (Est. 6:7-9).*

En términos actuales, lo que Amán pedía era ser visto llevando puestas las ropas del rey, andando en el carruaje del rey, y acompañado por la compañía del rey. ¡Ah, cuán honrado se sentiría! Imagina todo el alarde que estos atavíos le permitirían.

A Asuero le encantó la idea. "Date prisa, toma el vestido y el caballo, como tú has dicho, y hazlo así con el judío Mardoqueo, que se sienta a la puerta real; no omitas nada de todo lo que has dicho" (Est. 6:10).

¿Qué? ¿Mardoqueo? ¡Amán se sentía mortificado! No se puede describir la humillación que sufrió mientras hacía desfilar a este judío insolente e insubordinado por la plaza de la ciudad pregonando su honra. Luego, corrió a su casa abatido y asqueado. Esta vez, cuando reunió a su esposa y a sus amigos para relatar los eventos del día, no alardeó sobre el inmediato banquete privado con el rey y la reina. Los acontecimientos habían sufrido un cambio extraño.

En el banquete privado para el que Amán se había preparado a asistir, la reina Ester confesó sus raíces judías. Procedió a contarle a su esposo la confabulación de Amán para aniquilar a su pueblo. El rey ordenó que lo colgaran.

Ah, si Amán no hubiera sido tan inseguro como para necesitar el reconocimiento y la admiración de todos. Si hubiera ignorado a Mardoqueo y se hubiera enfocado en la gente que lo había honrado. Si le hubiera dado un valor intrínseco a su cargo. Si… si.

Atrapado

Amán no está solo en su búsqueda de ser importante a través de los adornos externos. Si bien muchas personas inseguras no recurren al alardeo de sus posesiones y contactos, con frecuencia invierten enormes cantidades de dinero en prendas de diseñador y otros atavíos. Dejan caer el nombre de las personas importantes que conocen para darse importancia.

Ten cuidado de no ser muy duro al juzgar a Amán, porque sé que las personas que viven en casas de cristal no deben arrojar piedras. Hace muchos años vinculé mi valía a un Mercedes-Benz convertible de dos asientos realmente hermoso. Para colmo, este pequeño y prestigioso dolor de cabeza estaba en el taller de reparaciones casi con tanta frecuencia como estaba en casa. Se convirtió en una verdadera fuente de roces entre mi esposo y yo al aferrarme a mi derecho a poseerlo. Finalmente llegué a la conclusión de que era una mala administradora de los recursos que me había dado Dios porque el auto era muy caro de mantener.

Busqué al Señor para que quitara las escamas de mis ojos y me sanara de la inseguridad que estaba en la raíz de mi necesidad de tener este coche. Él respondió a mi oración a través de una factura de reparación ridículamente abultada que totalizaba varios miles de dólares y un ultimátum de mi esposo. Al final, le vendí el auto al mecánico.

¿Qué pasa contigo? ¿Eres una víctima del "Síndrome de Amán"? ¿Sientes que tienes tan poco valor intrínseco que debes hacer un esfuerzo consciente para que los demás se centren en algún adorno externo que cause impresión? ¿Debes tener el carruaje del rey, el vestido del rey o las compañías del rey para sentirte importante? ¿Te sientes menos seguro sin ellos?

Reto a la confianza

- ¿Qué persona, posesión o posición has fusionado con tu sentido de la valoración?
- ¿Cómo sería tu vida sin esa posesión o posición?
- Pídele a Dios que te dé la gracia para desconectarte emocionalmente de la necesidad de tener a esa posición o a esa cosa, y te haga saber más allá de toda sombra de duda que tienes valor, simplemente porque Él te creó para un propósito soberano.

Día 5

Conservar la preeminencia

Diótrefes, al cual le gusta tener el primer lugar entre ellos, no nos recibe.

3 JUAN 1:9

¿Alguna vez tuviste la distinción de ser el "único", el "primero" o "uno de los pocos" individuos en lograr una meta en particular o en alcanzar un determinado nivel de éxito en tu entorno? Tal vez tengas una posición de honor o altamente estimada en tu iglesia, tu lugar de trabajo u otro escenario social. Cualquiera que sea la situación, la vida sobre un pedestal puede ser una experiencia emocionante... hasta que viene alguien y amenaza con derribarte. La persona insegura recurrirá a casi cualquier medio para proteger su posición o preservar su lugar de preeminencia.

La inseguridad en la iglesia primitiva

El apóstol Juan estaba ansioso por difundir el evangelio y alentar a los nuevos cristianos. Le escribió y le pidió a Diótrefes, el líder de una iglesia, que permitiera que determinados ministros fueran a predicar a su iglesia. Diótrefes se negó de plano a la solicitud de Juan, quien se sintió sumamente desilusionado con la respuesta de Diótrefes. Juan le relató el incidente a su amigo Gayo en otra carta: "Yo he escrito a la iglesia, pero Diótrefes, al cual le gusta tener el primer lugar entre ellos, no nos recibe" (3 Jn. 1:9). Diótrefes estaba luchando contra el gigante de la inseguridad. Consideraba a los ministros viajeros como competidores que amenazaban su posición en la iglesia. Por lo tanto, no solo se negó a albergarlos, sino que también los calumnió con palabras maliciosas. Luego procedió a excomulgar a los miembros que deseaban recibirlos. Juan le advirtió a Gayo: "Amado, no imites lo malo, sino lo bueno. El que hace lo bueno es de Dios; pero el que hace lo malo, no ha visto a Dios" (v. 11).

En otras palabras, Diótrefes no había discernido el propósito de Dios en el esquema de las cosas. Las acciones de Diótrefes eran malas en cuanto a que obraba con temor y no con fe. Para él, el desarrollo espiritual de la iglesia palidecía en comparación con su deseo de seguir siendo el preeminente en su entorno. No comprendía que el favor, la promoción y el reconocimiento provienen de Dios.

Líderes inseguros

La inseguridad en el liderazgo siempre ha sido una plaga para la iglesia. Los fariseos, un sector de los judíos que ponía el énfasis en el estricto cumplimiento de la ley, se encontraron en un dilema similar cuando Jesús entró en escena y comenzó a obrar milagros. Escuchemos lo que se dijo en una de sus reuniones del consejo.

"Entonces los principales sacerdotes y los fariseos reunieron el concilio, y dijeron: ¿Qué haremos? Porque

este hombre hace muchas señales. Si le dejamos así, todos creerán en él; y vendrán los romanos y destruirán nuestro lugar santo y nuestra nación" (Jn. 11:47-48).

¡Qué comentario tan triste! Estos líderes asustados, inseguros, estaban pugnando por mantener sus posiciones. A pesar de que habían leído sobre la venida del Mesías durante cientos de años, no reconocieron a Jesús como el cumplimiento de la promesa de Dios. Lo envidiaban tanto que pensaban que sería mejor matarlo. Incluso Poncio Pilato, el gobernador romano que oyó su caso contra Jesús, sabía que "por envidia le habían entregado los principales sacerdotes" (Mr. 15:10).

Demasiados pastores viven con un temor constante de que sus miembros se vayan a otra iglesia o que los líderes importantes obtengan demasiada popularidad. Algunos pastores, a fin de asegurarse lealtad, se rodean de gente que tiene pocas oportunidades de obtener alguna importancia fuera del ámbito de influencia del pastor. Otros tienen tanto miedo al abandono que imponen todo tipo de reglas diseñadas para mantener a la congregación bajo control.

Los seguidores deben comprender la diferencia entre ser siervos y servir. Ser siervo es la pérdida de la libertad personal, mientras que servir es elegir personalmente estar al servicio de los demás. Cuando los feligreses no comprenden esta diferencia, se disponen al maltrato pastoral. Pero ten presente esto: la libertad inherente del que sirve no niega la sumisión adecuada a los que Dios ha puesto sobre él para que cuiden su alma. El Espíritu Santo te hará saber cuándo la relación se vuelve disfuncional. Él también te puede dar el valor para fijar los límites apropiados.

Irónicamente, el comportamiento controlador de un pastor con frecuencia conduce justo a lo que él está intentando evitar. Los pastores deben tener cuidado. Aquellos que controlan a su congregación o a los líderes de esa manera han tenido éxito al rodearse de un grupo de individuos disfuncionales que nunca tendrán el coraje de expresar ideas vanguardistas, tomar la iniciativa, desafiar las incoherencias y hacer que los pastores sean responsables. Los seguidores simplemente realizarán sus tareas de una manera concienzuda y esperarán las instrucciones del pastor en cuanto a qué hacer después. ¿Por qué? Porque el pastor les ha enseñado que el pensamiento objetivo e independiente no es deseado ni recompensado. Esos hombres que dicen que sí a todo pueden parecer leales, pero en la raíz de su obediencia ciega está la inseguridad. Están derivando su valoración propia al hecho de estar asociados con el pastor y ser aceptados por él.

Primeras damas inseguras

Un tratamiento de los pastores inseguros no estaría completo sin abordar la inseguridad que asola a las esposas de los pastores o "primeras damas", como se las llama afectuosamente en los círculos religiosos. Por desgracia, toda primera dama vive en la típica pecera, donde ojos críticos o pertinaces evalúan constantemente cada uno de sus actos. La perfección es con frecuencia la expectativa pero nunca la realidad. Los coqueteos de feligresas poco sabias, hambrientas de atención masculina, pueden causarle a la primera dama una gran ansiedad. Además, la ingenuidad o la negación del pastor de sus intenciones no santas solo exacerban su inseguridad. Mientras tanto, se espera de ella que sea un ejemplo de paz, alegría y confianza inmutable a pesar de las circunstancias. ¿Cómo puede manejarlo? Piensa en el siguiente consejo.

Ella debe hacer su trabajo. Debe ocuparse de las cosas de la casa y dejarle el resto a Dios. En lugar de que su principal prioridad sea la tradicional supervisión del departamento de mujeres u otro sitio auxiliar en la iglesia, el principal objetivo de la primera dama debe ser ministrar a su marido. Esto significa ser su amante, su admiradora y su principal apoyo. Crear una atmósfera en el hogar al que él ansíe retornar cada día es un deber. La comunicación directa y sincera (en contraposición a estar de mal humor y hacer pucheros) y expresar los límites y deseos con claridad son todas conductas devotas que salvaguardan contra temas candentes que pueden erosionar las relaciones. Por supuesto, la buena comida es importante también. El pastor no debería tener que esperar siempre a que las mujeres de la iglesia le preparen su plato favorito.

No debe demostrar sospecha de cada mujer atractiva de la iglesia. En mi investigación para este libro, hablé con mujeres talentosas y atractivas que literalmente juraron que nunca habían demostrado una conducta que indicara motivos impuros hacia su pastor. Sin embargo, la esposa del pastor las apartó y las pintó con el mismo pincel grueso de la sospecha ganado por otras mujeres con deseos deshonestos hacia el pastor. Que la primera dama sospeche del motivo de cada mujer con la que se relaciona su esposo es una clara evidencia de que está permitiendo que un espíritu de temor reine en su vida.

Debe orar. Puesto que el temor, el caldo de cultivo de la inseguridad, de hecho es un espíritu, solo puede conquistarse con armas espirituales. La oración es la más poderosa del arsenal. La primera dama debe orar para que Dios le revele a su esposo las mujeres que tienen motivos impuros y para que él tenga la sabiduría de minimizar o eliminar su contacto con ellas. Y sí, también tiene que orar para que esas mujeres se arrepientan y aprendan a servir a Dios con un corazón puro. Debe decidir con discreción devota cuándo, o si, debe comentarle al pastor sobre las hermanas que son el objeto de sus oraciones. Ella debe creer que Dios responderá a sus oraciones y cambiará sus corazones o hará que se vayan. Este es el increíble poder de la intercesión; el intercesor funciona como un agente secreto. Las mujeres por las que se ora pueden no saber nunca por qué han cambiado sus mentalidades o sus afectos; simplemente empiezan a pensar y a sentir de forma diferente porque Dios ha realizado un trabajo interior.

La primera dama también debe orar para que Dios sane las heridas, las expectativas no cumplidas y otras experiencias que la han llevado a este estado de inseguridad.

Debe ser benevolente. Como receptora de la gracia de Dios, la primera dama debe continuar siendo benevolente incluso con los que no le desean el bien. Puede llegar un momento en que ella tenga que hablar directamente con una mujer sobre lo impropio de su comportamiento. Aun así, Dios le dará las palabras correctas para que tengan el impacto adecuado. Todos debemos recordar que nunca hay una excusa aceptable para el comportamiento no devoto. El apóstol Pablo advirtió a los filipenses: "Solamente que os comportéis como es digno del evangelio de Cristo" (Fil. 1:27). Por supuesto, tener gracia en estas circunstancias requiere más que una mera determinación o una fuerte resolución; se debe tener la capacitación sobrenatural del Espíritu Santo. Finalmente, la primera dama no debe esperar hasta sentir emociones positivas antes de extender gracia hacia dichos coqueteos. Como Nike, el fabricante de ropa deportiva, exhorta: "¡Simplemente hazlo!". La emoción deseada seguirá al comportamiento.

Reto a la confianza

- Si te has encontrado temiendo la pérdida de tu preeminencia en una situación determinada, primero arrepiéntete por haber perdido la perspectiva del propósito de Dios para colocarte en tal posición; es decir, todo debe ser para su gloria, no para la tuya. En segundo lugar, descansa en el conocimiento de que Dios ha dispuesto soberanamente tu destino. Finalmente, resiste el impulso de competir contra otras personas por *sus* destinos. Relájate y sirve al Señor con alegría.

Día 6

Complacer a las personas

Pero yo y mi casa serviremos a Jehová.

Josué 24:15

"¿Dónde está Moisés?". Esa era la pregunta que estaba en la mente de cada persona que le había seguido en el éxodo judío desde la esclavitud en Egipto. Durante el viaje a la tierra prometida, Dios convocó a Moisés al monte Sinaí para darle instrucciones y mandamientos para el pueblo. Sin embargo, Dios no le dijo a él ni al pueblo por cuánto tiempo se iría. Pasaron cuarenta días. La última vez que se vio a Moisés, desaparecía entre la neblina en su camino a la cima de la montaña. Dejó a cargo a su hermano Aarón, que complacía a la gente.

Día a día, la multitud se inquietaba más. Alguien decidió que debía hacerse algo acerca de la ausencia de Moisés. Suponiendo que no iba a regresar más, el pueblo se acercó a Aarón, y le dijo:

> *Levántate, haznos dioses que vayan delante de nosotros; porque a este Moisés, el varón que nos sacó de la tierra de Egipto, no sabemos qué le haya acontecido. Y Aarón les dijo: Apartad los zarcillos de oro que están en las orejas de vuestras mujeres, de vuestros hijos y de vuestras hijas, y traédmelos. Entonces todo el pueblo*

> *apartó los zarcillos de oro que tenían en sus orejas, y los trajeron a Aarón (Éx. 32:1-4).*

Así fue. Todo hecho. Aarón había apaciguado su impaciencia. Aceptó hacer eso para llevarse bien con ellos. Su temor al pueblo le hizo claudicar muy rápidamente a su exigencia maligna de un dios. Cuando Aarón terminó de construir el becerro, la gente inició una celebración salvaje al adorarlo como su nuevo dios.

¡Pero espera! Aquí viene Moisés... y vaya si está enojado. Ve la fiesta salvaje y la adoración del becerro de oro. Está tan molesto que arroja al suelo y rompe en pedazos las tablas de piedra en las que Dios había escrito personalmente los Diez Mandamientos. Sin buscar ninguna explicación, "tomó el becerro que habían hecho, y lo quemó en el fuego, y lo molió hasta reducirlo a polvo, que esparció sobre las aguas, y lo dio a beber a los hijos de Israel" (Éx. 32:20). Ahora había llegado el momento de enfrentarse a su hermano.

> *Y dijo Moisés a Aarón: ¿Qué te ha hecho este pueblo, que has traído sobre él tan gran pecado? Y respondió Aarón: No se enoje mi señor; tú conoces al pueblo, que es inclinado a mal. Porque me dijeron: Haznos dioses que vayan delante de nosotros; porque a este Moisés, el varón que nos sacó de la tierra de Egipto, no sabemos qué le haya acontecido. Y yo les respondí: ¿Quién tiene oro? Apartadlo. Y me lo dieron, y lo eché en el fuego, y salió este becerro (Éx. 32:21-24).*

Una historia muy convincente, Aarón.

Apropiarse de la conducta

¿Has observado alguna vez que las personas inseguras no se hacen plenamente responsables de sus actos? Aarón sabía que había dado forma personalmente al becerro de oro con su buril, sin embargo mintió y sostuvo que el becerro salió del fuego misteriosamente. Su temor a no complacer a Moisés hizo que culpara al pueblo en lugar de admitir que él también había pecado al complacer sus exigencias.

Nadie que ocupe un cargo de autoridad puede darse el lujo de ser tan débil como para comprometer sus normas morales o sus convicciones personales para evitar ser poco popular o perder estima.

La "enfermedad de complacer" de Aarón derivó en consecuencias desastrosas. Moisés ordenó a la tribu de los levitas que mataran a más de 3000 personas rebeldes ese día, incluyendo a algunos de sus propios parientes. Luego, Moisés envió una plaga al pueblo para castigarlo más todavía.

Años más tarde, tras la muerte de Moisés, Josué se convirtió en su sucesor y finalmente condujo al pueblo a la tierra prometida. Él no complacía a la gente. De hecho, advirtió seriamente a los israelitas, cuando se radicaban en el nuevo territorio, que se comprometieran firmemente a rechazar ídolos y a servir únicamente a Dios.

> *Y si mal os parece servir a Jehová, escogeos hoy a quién sirváis; si a los dioses a quienes sirvieron vuestros padres, cuando estuvieron al otro lado del río, o a los dioses*

de los amorreos en cuya tierra habitáis; pero yo y mi casa serviremos a Jehová (Jos. 24:15).

Josué no sentía temor al rechazo o a la desaprobación del hombre. Le hizo saber a la multitud en términos firmes que él no iba a complacer a nadie por el simple hecho de hacerlo.

El temor a estar solo

En la época en que Jesús estuvo en la tierra, observamos la misma actitud de complacencia prevaleciendo entre algunos de los líderes judíos que realmente creían que Jesús era el Mesías: "Con todo eso, aun de los gobernantes, muchos creyeron en él; pero a causa de los fariseos no lo confesaban, para no ser expulsados de la sinagoga. Porque amaban más la gloria de los hombres que la gloria de Dios" (Jn. 12:42-43). ¡Qué tragedia! Estos hombres tomaron una decisión consciente de elegir la aceptación por encima de la vida eterna. Cuando usurpamos la autoridad de Dios y decidimos que sea nuestra responsabilidad personal la que satisfaga nuestra necesidad de aceptación, somos propensos a tomar decisiones de relaciones que lo deshonran y frustran sus propósitos para nuestras vidas.

Es inherente a la naturaleza del hombre querer relacionarse con otras personas. Dios mismo declaró: "No es bueno que el hombre esté solo" (Gé. 2:18). Sin embargo, nos enfrentamos con problemas cuando decidimos que debemos mantener una relación en particular, incluso al costo de violar los principios y mandatos de Dios o su plan para nuestras vidas.

Padres inseguros

Todas las personas con autoridad sobre otros pagarán un precio cuando no logren ejercer el amor disciplinado o tomar las decisiones difíciles apropiadas. Los padres especialmente deben estar alerta. Aquellos que temen el rechazo o la pérdida del afecto de un niño hacen concesiones con el objeto de complacer.

Lamentablemente, muchos son demasiado inseguros como para disciplinar a sus hijos porque quieren mantener su amistad. ¿Desde cuando el papel de un padre o de una madre incluye ser amigo de sus hijos? Si la mayoría fueran sinceros, admitirían que frecuentemente dicen "sí" cuando deberían decir "no" porque quieren compensar la falta de tiempo que dedican a sus hijos. Por supuesto, sabemos que, al final, una inversión de tiempo de calidad produce una recompensa mejor a largo plazo que cualquier otra cosa que pueda hacer un padre o una madre.

Paradójicamente, los niños habitualmente acaban sintiéndose resentidos con un padre que funciona con ese tipo de inseguridad. Conozco a un hombre que ahora tiene más de 40 años y que lamenta que su madre soltera y sus hermanos mayores le consintieran dejándole ser irresponsable. Por supuesto, él era un maestro en manipularlos y en hacerlos sentir culpables cuando ellos intentaban negarse a sus frecuentes solicitudes de préstamos y otros favores. Sin embargo, él afirma que al dárselos, evitaron que se convirtiera en el hombre maduro que podría haber sido mucho antes en la vida. Su familia nunca tuvo el valor de ejercer el necesario amor disciplinado. Ahora él los culpa por ser una "flor tardía".

Reto a la confianza

- ¿Cuándo fue la última vez que concediste cosas a alguien a fin de evitar una confrontación?
- ¿Qué temías exactamente? ¿Qué es lo peor que podría haber pasado si lo que temías hubiera sucedido?

Día 7

Actuar o morir

¿Qué provecho tiene el hombre de todo su trabajo con que se afana debajo del sol?

ECLESIASTÉS 1:3

Desarrollé una identidad basada en el desempeño en la escuela primaria cuando aprendí que podía obtener mucha atención y elogios sobresaliendo en mis estudios. El aliento y el reconocimiento de mis maestros eran un fuerte contraste con el alboroto que invadía nuestro hogar. Hacer mi tarea era mi refugio y mi gratificación. Responder correctamente en clase aumentaba mi confianza, hacía que me apreciaran mis maestros y me ganaba la reputación de ser inteligente. No fue hasta que me convertí en adulta que uno de mis mentores espirituales tuvo el valor de señalar que mi existencia basada en el desempeño no era ni buena ni devota. Pero para ese entonces, mi comportamiento estaba arraigado. Sin embargo, totalmente persuadida de que la liberación de toda esclavitud se halla en la Palabra de Dios, finalmente me dispuse a buscar un personaje bíblico cuya vida estuviera basada en el trabajo para ver de qué manera su conducta impactó en su vida.

Hacer o morir

Conozcamos a Ahitofel, el consejero del rey David. Dios lo había dotado para dar sabios consejos. De hecho, sus consejos eran tan buenos que "era como si se consultase la palabra de Dios. Así era todo consejo de Ahitofel" (2 S. 16:23). Imagina eso. Cuando Ahitofel aconsejaba, era como si Dios mismo hablara. ¡Qué gran recurso para cualquier equipo!

El hijo del rey David, Absalón, decidió preparar un golpe de estado para destronar a su padre. El rey tuvo que huir para salvar su vida. Para empeorar las cosas, Ahitofel desertó y se unió a la rebelión de Absalón. El rey David se sintió devastado al oír las noticias, puesto que sabía que ahora su hijo contaba con el mejor consejero posible. Oró seriamente: "Entorpece ahora, oh Jehová, el consejo de Ahitofel" (2 S. 15:31). Lamentablemente, Dios no pudo responder a esta oración, puesto que "irrevocables son los dones y el llamamiento de Dios" (Ro. 11:29). Dios no cambia de parecer una vez que ha dado un don; además, Él no iba a hacer que Ahitofel comenzara a dar malos consejos. Parecía como si Dios estuviera atrapado en un dilema divino. Después de todo, David era su rey elegido, un hombre conforme a su corazón, un hombre que creía en su promesa de vencer a todos sus enemigos. ¿Qué debía hacer Dios? Por supuesto, sabemos que el Padre todopoderoso, omnisciente, nunca deja de tener una solución para cualquier problema.

El rey David decidió enviar a su amigo Husai a simular lealtad a Absalón para poder frustrar el consejo de Ahitofel. Por cierto, el plan funcionó. Cuando Absalón reunió a todo el consejo de estrategas, Ahitofel les aconsejó que inmediatamente persiguieran y mataran al rey David mientras estaba cansado y agotado. No había necesidad de asesinar a los soldados leales que lo habían seguido. Después de todo, cuando el pastor se va, las ovejas se dispersan (2 Samuel 17:1-4). Deseando una segunda opinión, Absalón le preguntó a Husai qué pensaba del plan de Ahitofel. Husai se opuso a él y presentó una estrategia alternativa. El consejo la aceptó (2 S. 17:14).

Probablemente no haya peor humillación para alguien con una identidad basada en el desempeño que ser rechazado en favor de alguien con menos talento, habilidades o reputación. Sería como si una actriz conocida mundialmente perdiera un papel porque se lo dan a una estrella de segunda fila, o si una mujer hermosa fuera abandonada por una común y corriente.

Ahitofel tenía la reputación de ser un hombre sabio, pero él se había convencido a sí mismo de que era el más sabio de todos. Que Absalón y su cohorte prefirieran el consejo del menos reputado Husai era más de lo que el ego de Ahitofel podía soportar. Se sintió degradado. Nunca podría volver a enfrentar a nadie; la vida, de repente, no tenía sentido. "Pero Ahitofel, viendo que no se había seguido su consejo, enalbardó su asno, y se levantó y se fue a su casa a su ciudad; y después de poner su casa en orden, se ahorcó, y así murió, y fue sepultado en el sepulcro de su padre" (2 S. 17:23).

La estrategia que Ahitofel había recomendado a Absalón era la mejor, pero no encajaba con el propósito de Dios para esta situación. Ahitofel no logró comprender que Dios tiene un tiempo y una razón para todas las cosas. El propósito de Dios era destruir al enemigo del rey David. Absalón fue asesinado en un encuentro con el ejército de David. El rey reclamó su trono.

Cuándo decir: "¡Está bien!"

Una cosa que aprendí en el transcurso de mi carrera es a decir: "¡Está bien!" cuando se rechaza mi consejo, especialmente cuando la decisión no depende de mí. Muchas personas que basan su vida en el desempeño simplemente no comprenden dónde finaliza su responsabilidad. Saber que estás en lo cierto debería ser tu propia recompensa. Ahitofel sabía que tenía el mejor plan para lograr el objetivo de Absalón; lo que no sabía era que se oponía a la voluntad de Dios. Por supuesto, no hay evidencia de que siquiera hubiera orado para descubrir la voluntad de Dios.

Las personas que basan su vida en el desempeño no dejan demasiado espacio para los planes soberanos de Dios. Están demasiado ocupados "haciendo" y luego juzgando lo que valen por medio de sus logros. No han aprendido que la soledad y la meditación también son importantes.

El peligro latente de la adicción al trabajo

Alguien que basa su vida en el desempeño puede hacerlo fuera de la voluntad de Dios. Una de las tácticas de Satanás consiste en llevarnos de un extremo al otro, de la pereza a la adicción al trabajo. Es clave comprender la diferencia entre ser muy trabajador y ser adicto al trabajo. Los que trabajan mucho saben fijar límites sobre cuánto harán en el curso de un día. Hacen lo máximo que pueden mientras están en ello. No permiten que el trabajo interfiera constantemente en sus compromisos con la familia y los amigos. Para ellos, el trabajo es simplemente un medio para llegar a un fin, un esfuerzo necesario para gozar de la vida que quieren tener.

Por otra parte, alguien que basa su vida en el desempeño permite que su trabajo lo defina, lo que finalmente puede conducir al abismo de la adicción al trabajo. Yo negaba mi propensión hacia la adicción al trabajo hasta que me di cuenta de que tenía demasiados de los síntomas que la identificaban:

- Trabajaba hasta tarde la mayor parte del tiempo.
- La mayoría de mis conversaciones giraban alrededor de los asuntos de la oficina.
- Rara vez me tomaba recesos para almorzar.
- Siempre estaba haciendo muchas tareas distintas; rara vez realizaba una tarea con un solo propósito. Si hablaba por teléfono, también usaba el tiempo para limpiar la casa. Si miraba la televisión, también organizaba papeles, y así siempre.
- Cuando intentaba relajarme, pensaba en todas las cosas que debería estar haciendo.
- Mi lista de cosas para hacer tenía más puntos de los que era posible lograr en un solo día.

- Era esclava de mi agenda con exceso de compromisos; dejaba poco o nada de tiempo muerto.
- Todos parecían moverse demasiado lentamente.
- Siempre estaba corriendo para llegar a la próxima cita.
- Ansiaba oír los elogios que recibía por trabajar bien.
- Tenía poco tiempo para cultivar mis amistades.

Comencé a transitar mi camino hacia la recuperación —en el que todavía estoy— poniendo todas mis actividades a los pies de Jesús durante mi ahora ampliado momento de oración. Le pedí que me mostrara qué guardar y qué descartar. Empecé a renunciar a comités, juntas y otras actividades que no encajaban en mis metas a largo plazo. La *decisión* de renunciar fue fácil, pero dar la noticia en realidad fue duro. Algunas de mis tareas aumentaban bastante mi ego y sentía que había disminuido un poco mi importancia porque no iba a estar asociada más a ellas. ¡Y yo que pensaba que había conquistado por completo mis inseguridades!

Hoy día, trato de participar solo en esas actividades que siento que forman parte del plan de Dios para mi vida. Sigo estando más ocupada de lo que quisiera, pero gradualmente estoy consiguiendo tener el control de mis horarios.

Algunas personas que basan su vida en el desempeño se hubieran sentido desilusionadas con la respuesta que dio Jesús a sus discípulos cuando estos le informaron del éxito que habían tenido en su gira ministerial.

Entonces los apóstoles se juntaron con Jesús, y le contaron todo lo que habían hecho, y lo que habían enseñado. Él les dijo: Venid vosotros aparte a un lugar desierto, y descansad un poco (Mr. 6:30-31).

Se podría pensar que la primera respuesta de Jesús debería haber sido "¡Muy bien!" o "¡Sigan trabajando así!". No lo fue. Él conocía la importancia del descanso y también los peligros de la sobrecarga de *tareas*, incluso en la obra ministerial.

Espiritualidad basada en el desempeño

Una mentalidad basada en el desempeño por lo general influirá directamente sobre nuestra espiritualidad. Podemos comenzar a pensar que podemos ganar puntos ante Dios por realizar buenas obras y otros trabajos encomiables. Pero Dios espera que hagamos obras *porque* lo amamos y no *para que* Él nos ame. "Nos salvó, no por obras de justicia que nosotros hubiéramos hecho, sino por su misericordia, por el lavamiento de la regeneración y por la renovación en el Espíritu Santo" (Ti. 3:5). Uno de los peligros de tener una identidad basada en el desempeño es que nos podemos volver legalistas y condenarnos a nosotros y a los demás cuando ellos o nosotros no alcanzamos las expectativas impuestas por nosotros. Puede que hasta descubramos que algunas de nuestras obras no se realizan partiendo de un corazón puro para servir. Una buena prueba de nuestra motivación sería hacer algo bueno por alguien y no mencionárselo a nadie. ¿Puedes dejar de lado el reconocimiento y el aprecio?

Debemos intentar equilibrar nuestro trabajo, nuestro tiempo de ocio y nuestra espiritualidad. Ya que la mayoría de nosotros somos propensos a programar nuestras actividades, podemos emplear esta disciplina para poner orden al resto de nuestra vida cotidiana. Fija tu cita para orar, fija la cita nocturna con tu cónyuge, fija los almuerzos con amigos con semanas de antelación, fija un momento para divertirte con la familia y, sobre todo, fija todo según su importancia. Cuida el tiempo y haz todo lo posible por cumplir con las citas.

Reto a la confianza

- Detente y ora ahora mismo por sabiduría para conocer que tu valor reside simplemente en el hecho de que eres un *ser humano* y no un "*hacer humano*".
- Medita sobre 1 Corintios 15:10 mientras trabajas en lograr el equilibrio en tus tareas.

Día 8

Sentirse incompetente

No que seamos competentes por nosotros mismos para pensar algo como de nosotros mismos, sino que nuestra competencia proviene de Dios.

2 Corintios 3:5-6

Eliú parece haber aparecido de la nada en casa de Job. No se le menciona durante los primeros 31 capítulos del libro de Job. En cambio, leemos sobre tres personas, supuestamente amigos, que acusaron a Job de ocasionar su propio sufrimiento. Habiendo leído la historia, sabemos que Satanás estaba detrás de las aflicciones físicas, emocionales y financieras de Job. En el capítulo 32 de esta saga, cuando los tres miserables consoladores dejaron de lado sus prolongados discursos, Eliú decidió hablar. Pronto resulta evidente que él había estado presente todo el tiempo, pero que se había mantenido en silencio. Escuchó con gran paciencia, mientras Elifaz, Bildad y Zofar exponían sus extensos argumentos. Cuando Eliú finalmente habló, explicó por qué se había mantenido callado: "Yo soy joven, y vosotros ancianos; por tanto he tenido miedo, y he temido declararos mi opinión. Yo decía: Los días hablarán, y la muchedumbre de años declarará sabiduría" (Job 32:6-7).

Eliú se sentía intimidado por la edad y la experiencia

de los amigos de Job y supuso que eran más sabios que él. Su falta de competencia imaginada lo silenció. A sus ojos, no estaba cualificado para expresar una opinión sobre la causa del sufrimiento de Job. Por lo tanto, se relegó a escuchar. Sin embargo, después de oír sus largos discursos sin importancia, se dio cuenta de que la perspectiva de ellos sobre el problema de Job no era superior a la suya. Sintiéndose envalentonado, Eliú supo de repente que él, también, tenía algunas ideas que eran dignas de poner sobre la mesa. Continuó: "Ciertamente espíritu hay en el hombre, y el soplo del Omnipotente le hace que entienda. No son los sabios los de mucha edad, ni los ancianos entienden el derecho. Por tanto, yo dije: Escuchadme; declararé yo también mi sabiduría" (Job 32:8-10). Habló sin parar durante seis capítulos. Ya no se veía a sí mismo como el perdedor en el juego de las comparaciones.

La historia de Eliú se volvió real para mí cuando tuve que hacer una presentación para un grupo grande en una compañía muy importante donde acababa de conseguir trabajo. No contaba con experiencia industrial previa y sabía que el hecho de que me hubieran contratado era una jugada política por parte de la compañía. Ya sintiéndome insegura en el cargo, realmente sentí que estaba en una espiral descendente cuando se me pidió que hiciera una presentación especial junto con dos ejecutivos que contaban con varios años de experiencia en la compañía.

Durante mi devocional del día de la presentación, el Espíritu Santo me condujo a la historia de Eliú. Supe de inmediato que Job 32:8 era mi palabra para ese día:

"Ciertamente espíritu hay en el hombre, y el soplo del Omnipotente le hace que entienda". Confiando totalmente en Dios para que hablara a través de mí, realicé la presentación y recibí muy buenas críticas.

La maldición de las comparaciones

Los sentimientos de inferioridad no son generados por la mera observación que uno hace de su condición, sino por comparar su condición con la de otra persona. Tomemos el caso de Susana, que siempre ha tenido un poco de sobrepeso, pero que no es obesa. Ella normalmente se siente bastante bien consigo misma. De hecho, hasta se siente un poco orgullosa cuando se encuentra con otra mujer que tiene mucho sobrepeso. Sin embargo, su glorificación dura poco cuando se encuentra con una mujer que tiene la talla que ella sueña tener. Se encuentra a sí misma mirándola todo el tiempo que está en su presencia. No puede negar ni escapar a los sentimientos que la abruman durante estos momentos. La comparación es un juego letal que te deja atrapado entre los dos extremos: la inferioridad o la superioridad. No lo juegues.

Tal como pensaba un hombre

Debemos ser cautelosos en controlar lo que permitimos que ocupe nuestra mente para que no se vuelva realidad. ¿Puedes recordar algún momento en que te sentiste tan incompetente que te quedaste en silencio y te negaste a hablar, aunque tenías un pensamiento o una idea que valían la pena? Tal como hizo Eliú, debes darte cuenta de que no es tu capacidad, tu conocimiento ni tu experiencia lo que determinan el éxito. El "secreto del éxito" consiste en depender completamente del poder del Espíritu Santo. El apóstol Pablo lo expresó muy bien: "Por la gracia de Dios soy lo que soy" (1 Co. 15:10). Una vez que quedes totalmente persuadido de este hecho, comenzarás a emprender nuevos niveles de riesgo o responsabilidad sin temor al fracaso. Finalmente habrás comprendido que Dios nunca le da a una persona una responsabilidad sin darle la capacidad de responder. Por qué no detenerse, mirarse al espejo ahora mismo y decirse a uno mismo: "Cuando Dios me da una responsabilidad, me da la capacidad de cumplirla".

Varios hombres de la Biblia sintieron una sensación abrumadora de incompetencia cuando Dios les dio una tarea que más tarde ocasionaría que fueran conocidos como grandes hombres. Analicemos a un par de ellos. Observa sus inseguridades confesadas y los logros que alcanzaron cuando fueron capacitados por la gracia de Dios.

Cuando Dios le encargó a Moisés que sacara a los israelitas de la esclavitud en Egipto, Moisés le habló a Dios sobre su incompetencia para la tarea: "Entonces dijo Moisés a Jehová: ¡Ay, Señor! nunca he sido hombre de fácil palabra, ni antes, ni desde que tú hablas a tu siervo; porque soy tardo en el habla" (Éx. 4:10). La respuesta de Dios no se hizo esperar: "¿Quién dio la boca al hombre? ¿o quién hizo al mudo y al sordo, al que ve y al ciego? ¿No soy yo Jehová? Ahora pues, ve, y yo estaré con tu boca y te enseñaré lo que hayas de hablar" (Éx. 4:11-12). A pesar de la reafirmación de Dios,

Moisés siguió protestando. Finalmente cedió cuando Dios acordó enviar con él al elocuente hermano de Moisés, Aarón, para que fuera su portavoz. A través de una serie de milagros, Dios convenció a Moisés de que le acompañaría en cada paso del camino. Moisés se convirtió en el gran liberador.

Cuando Dios le dijo a Gedeón que liderara a los israelitas en la batalla contra los poderosos madianitas, él, también, citó su incompetencia para la tarea debido a determinadas inseguridades que tenía. "Ah, señor mío, ¿con qué salvaré yo a Israel? He aquí que mi familia es pobre en Manasés, y yo el menor en la casa de mi padre. Jehová le dijo: Ciertamente yo estaré contigo, y derrotarás a los madianitas como a un solo hombre" (Jue. 6:15-16). Gedeón se dirigió a la batalla y conquistó a un ejército de 135.000 hombres con solo 300 soldados… además de Dios. ¡Esa era una relación de 450 a 1! Se necesita la presencia de la omnipotencia de Dios para lograr esos resultados con recursos limitados.

Estoy plenamente convencida de que no hay grandes hombres ni mujeres, sino personas comunes que han obedecido el mandato de Dios de hacer algo extraordinario. Dios se deleita exaltando a los que se consideran incompetentes. Así que la próxima vez que Satanás te recuerde que eres incompetente, está de acuerdo con él. "¡Tienes razón! Soy incompetente. Sin embargo, estoy conectado con el Ser Supremo, que todo lo puede, todo lo sabe y siempre está presente. ¡A través de Él, yo puedo hacer todas las cosas!".

La verdadera clave del éxito

El único requisito previo verdadero para conseguir el éxito es la obediencia. Debes ejercer la fe y estar disponible para el trabajo. ¿Estás preparado para ser el recipiente a través del cual Dios puede demostrar su poder? De ser así, Él te está buscando. "Porque los ojos de Jehová contemplan toda la tierra, para mostrar su poder a favor de los que tienen corazón perfecto para con él" (2 Cr. 16:9).

Reto a la confianza

- ¿Qué excusa has usado para no realizar una determinada tarea?
- ¿Realmente piensas que la excusa está por encima de la capacidad de vencer de Dios?

Parte 2

Los obstáculos a la confianza

Obstáculo: *Objeto, situación o condición que impide el avance hacia un logro.*

Día 9

La falta de oración

Orar siempre, y no desmayar.

LUCAS 18:1

La necesidad más esencial del hombre espiritual es la oración. La oración es el combustible del espíritu; si la ignoramos, morimos espiritualmente. El problema es que no morimos de inmediato; podemos, pues, pasar por extensos períodos sin orar sin que haya consecuencias inmediatas aparentes. Algunos de los hijos de Dios simplemente saludan con la mano o le guiñan un ojo a Dios como si dijeran: "Sé que tú estás ahí, pero yo tengo demasiadas cosas que hacer para detenerme y hablar realmente contigo. De todos modos, Señor, conoces mi corazón". Por supuesto que lo conoce.

La oración: Una opción de vida o muerte

El libro de Daniel nos cuenta que este tenía un compromiso muy fuerte con sus momentos de oración (lee Daniel 6). Si bien tenía muchas responsabilidades como uno de los tres administradores de Babilonia, Daniel conseguía tiempo para orar tres veces al día, y aún sobresalía sobre los otros administradores, que eran envidiosos. Cuando se enteraron de que el rey Darío estaba planeando convertir a Daniel en el hombre número dos, jugaron a la política sucia. Convencieron al rey para que firmara un decreto irrevocable que decía que si alguien oraba a algún dios u hombre durante un lapso de 30 días, sería arrojado a un foso de leones. Darío no tenía idea de que esta era una trampa para Daniel, a quien él amaba.

"Cuando Daniel supo que el edicto había sido firmado, entró en su casa, y abiertas las ventanas de su cámara que daban a Jerusalén, se arrodillaba tres veces por día, y oraba y daba gracias delante de su Dios, como lo solía hacer antes" (Da. 6:10). Daniel no estaba dispuesto a someterse a la falta de oración —ni siquiera 30 días— para mantener su importante cargo o incluso su vida.

Desde luego, los administradores lo denunciaron y pronto fue arrojado al foso de los leones. No leemos sobre la angustia de Daniel, puesto que tenía muchas oraciones ya almacenadas para un momento como ese. Se sentía seguro en su Dios. Sabía que su competencia, su carrera y su confianza estaban directamente conectadas con Él.

Dios envió a sus ángeles para dar la orden de "cerrar la boca" de esos reyes de las bestias, haciéndolos inofensivos. A la mañana siguiente, para sorpresa de todos, Daniel seguía sano y salvo. Darío estaba tan aliviado que ordenó que los administradores acusadores fueran arrojados a los leones junto con sus esposas e hijos. Ahora bien, no solo Daniel fue ascendido, sino que el rey ordenó a todos en su reino que temieran y reverenciaran al Dios de Daniel.

Esta historia es un poderoso recordatorio de que nada debe ser prioritario a nuestras oraciones a Dios.

No podemos darnos el lujo de sufrir las consecuencias de la falta de oración. Nuestra confianza y seguridad emocional vienen de mantener una relación estrecha con Él.

La conducta del pez rémora

Con frecuencia me sorprenden las lecciones espirituales que se hallan en las maravillas de la naturaleza. El pez rémora, por ejemplo, proporciona un ejemplo poderoso de la importancia de permanecer conectados a una fuente más grande y más poderosa que nosotros mismos. Este pez tiene un disco de succión ovalado en la parte superior de su cabeza que le permite unirse al vientre de otro pez grande o a los barcos. El tiburón es su blanco favorito como anfitrión.

Una vez unido al tiburón, el pez rémora no tiene que preocuparse de los asuntos cotidianos como el alimento, el transporte o la seguridad. Se alimenta con la comida que cae de la boca del tiburón. Por supuesto, cuenta con la opción de nadar por sus propios medios, pero cuando decide pegarse al tiburón, va adonde va este. No intenta ir en una dirección contraria al tiburón. ¿Protección? No es motivo de preocupación para alguien que está conectado a una criatura tan poderosa y valiente. El pez rémora está seguro. De forma innata sabe que el tiburón lo puede llevar a lugares a donde nunca podría ir solo.

¿No suena esto a la relación que Dios desea que sus hijos tengan con Él? Él quiere que nosotros nos alimentemos con las palabras que salen de su boca. Quiere que vayamos con Él a donde Él nos conduzca y no que hagamos excursiones independientes, con la esperanza de que

Él nos identifique. Quiere que vivamos con la seguridad de que Él protegerá no solo nuestras vidas, sino también nuestras relaciones y todo lo que nos pertenece. Ah, ¡ojalá imitáramos al pez rémora! Entonces nos encontraríamos asegurando nuestra unión con Dios a diario a través de la oración. Él está esperando para llevarnos a lugares a los que tememos ir solos.

Mi modelo de oración

Al ser una persona impulsada por los horarios, he descubierto que soy más coherente cuando fijo de antemano una cita para pasar tiempo con Dios. Además, ya que suelo hacer mejor las cosas con una estructura, necesito un modelo de oración que me mantenga enfocada. He desarrollado un plan y ahora sigo las pautas siguientes durante mi tiempo de oración.

Pausa. Detengo toda actividad y me concentro por completo en Dios. Sé que muchas personas oran mientras hacen ejercicios físicos o conducen hasta el trabajo. Sin embargo, el mayor honor y respeto que podemos darle a cualquiera es nuestra atención completa. Después de todo, llegamos a su presencia para adorarlo. Me siento, permanezco de pie o me arrodillo en silencio. Respiro profunda y lentamente. Con cada respiración absorbo su presencia, su santidad y su poder. Tengo mi diario de oración y un lápiz listo para registrar sus pensamientos hacia mí durante el momento de oración.

Reverencia. Le doy honor y admiración. Venero (santifico, bendigo) su nombre. A estas alturas, las distracciones comienzan a aparecer como dientes de león. Advierto hasta una hoja muerta en un invernadero o cualquier cosa que esté fuera de lugar en la habitación, o recuerdo de repente una tarea que debo añadir a mi lista de cosas para hacer. Anoto la tarea en mi diario e ignoro los otros asuntos por lo que son: meras distracciones que pueden tratarse más tarde. También he aprendido que orar en voz alta ayuda a reducir al mínimo los pensamientos erráticos. Cuando estoy sumamente cansada o con sueño, camino mientras oro en lugar de arrodillarme. No puede uno tener una mentalidad tan espiritual como para no tener que enfrentarse a los asuntos prácticos de la carne. La fatiga es algo real.

Llego a su presencia cantando canciones que lo exaltan. Le agradezco por todo lo que ha hecho y hará. Expreso varias cosas por las que estoy particularmente agradecida ese día. Leo y medito sobre un pasaje de las Escrituras. Recomiendo a los que se inician que lean un capítulo de la vida de Jesús de uno de los cuatro Evangelios, o un capítulo del libro de Proverbios que se corresponda con la fecha del mes (hay 31 capítulos). Otras opciones de lectura pueden incluir un capítulo del libro de Hechos, advirtiendo el poder de la primera iglesia, o un salmo. Yo personalmente disfruto estudiando temas en particular, como la fe, el perdón, el orgullo y demás.

Petición. Pido por el perdón de mis pecados, haciendo todo lo necesario para ser específico. Oro por la capacidad para vivir una vida cristiana y le pido a Dios que me dé pasión para su Palabra y por la oración. Le pido que se cumpla su voluntad en todos los aspectos de mi vida:

espiritual, físico, financiero, en las relaciones, vocacional y emocionalmente. Oro por cada uno de forma separada.

Utilizando una lista preparada, pido que se cumpla la voluntad de Dios en las vidas de los miembros de mi familia, de mis amigos, de mis compañeros de trabajo, de mis vecinos; del pastor/iglesia, del gobierno nacional, estatal y local; y demás. En vez de embarcarme en una modalidad de "dejar que las cosas sucedan", le pido al Espíritu Santo que interceda por mí conforme a la voluntad de Dios.

Entrega. Cuando todo se ha dicho y se ha hecho, sé que debo subordinar mis solicitudes a la voluntad soberana de Dios, confiando en que Él sabe qué es mejor. Lucho por mantener una actitud de "no obstante" hacia todas mi solicitudes. Tengo cuidado de concluir mi oración diciendo: "No obstante, no se hará mi voluntad, Señor, sino la tuya". Ahora bien, debo admitir que a veces el diablo intenta hacerme sentir una hipócrita al decir "no obstante" puesto que de hecho, como es natural, con frecuencia prefiero un determinado resultado. Sin embargo, mi corazón regenerado desea la voluntad perfecta de Dios. Por lo tanto, le agradezco de antemano por otorgarme mis peticiones de acuerdo con *su* sabiduría y presciencia.

Dejo el lugar de oración sabiendo que he realizado la conexión y que fui reabastecida. Mi conocimiento no se basa en ninguna emoción especial o en estremecimientos que siento, sino simplemente en el hecho de que Dios siempre escucha las oraciones de sus hijos.

Reto a la confianza

- Realiza un compromiso formal por escrito de ser fiel a un tiempo cotidiano de oración durante por lo menos un número determinado de minutos durante una cantidad determinada de días a la semana.
- A lo largo del día, haz una pausa de solo cinco segundos de alabanza o de acción de gracias. Por ejemplo:

> "Señor, te agradezco que estés conmigo".
> "Gracias por tu sabiduría".
> "Señor, nada es demasiado difícil para ti".
> "Gracias por la vida, la salud, la fuerza y una mente sana".
> "No hay nadie como tú en la tierra".

Día 10

Desvalorización personal

Ve que van bien sus negocios.

Proverbios 31:18

Las mujeres y los hombres han luchado contra sentimientos de incompetencia desde el principio de los tiempos. Eva, a pesar de su entorno perfecto en el huerto del Edén, permitió que la serpiente la convenciera de que era incompetente en cuanto al conocimiento y que tenía que comer el fruto prohibido.

Los profesionales de la salud mental y los autoproclamados entrenadores de la vida, así como también los clérigos populares, han ofrecido diversas soluciones al dilema de la baja autoestima, solo para descubrir que sigue siendo uno de los problemas más comunes de la humanidad. La percepción de la incompetencia personal persiste debido a una inadecuada comprensión del papel que Dios debe jugar en nuestras vidas.

El dinero y la humanidad

De muchas maneras, la valoración de una persona puede compararse con el valor del dinero. Supón, por ejemplo, que tienes un billete de 100 dólares que está gastado, roto y defectuoso. El hecho de que ya no sea nuevo y crujiente no disminuye su valor. Siempre valdrá

100 dólares y se puede usar para comprar cualquier cosa que pueda adquirirse normalmente con 100 dólares. Un cliente en un establecimiento se molestaría mucho si entregara un billete de 100 dólares desgastado para pagar sus artículos o servicio y el comerciante le dijera: "Lo lamento, su billete solo vale 50 dólares porque está rasgado y roto". El cliente llegaría a la conclusión de que el comerciante estaba loco.

Hay algo en cada billete que lo diferencia de cualquier otro: su número de serie. Ningún otro billete tiene ese número. Dios nos hizo a cada uno único. Lo honramos cuando abrazamos nuestra singularidad. Todos nosotros tenemos un valor único y un destino diferente. Antes de que Él nos creara a cada uno de nosotros, tenía un plan para que nuestras vidas se desarrollaran de acuerdo a su plan soberano.

Lecciones de la mujer virtuosa

La supermujer sin nombre descrita en Proverbios 31:10-31 ha sido objeto de muchos sermones. En su narrativa, la madre del rey Lemuel le está dando a su hijo un consejo relativo a los rasgos de carácter y los patrones de comportamiento que debe buscar en la mujer con la que piense casarse. Considero que el versículo 18 es particularmente alentador para los que luchan contra la inseguridad: "Ve que van bien sus negocios". Veamos cinco verdades liberadoras en esta sencilla frase.

1. *Ella* ve que van bien sus negocios. No es alguien que llega buscando la validación o aprobación de sus mercancías. Cuando uno es inseguro y no valora personalmente

lo que aporta, los demás pueden ser capaces de minimizarlo o de convencerlo de que no vale nada. Esta mujer, como todos los seres humanos, desea ser valorada y aceptada, pero ella no lo busca ni se encuentra a sí misma debilitada si no lo consigue.

2. La mujer ideal *percibe* que sus negocios son buenos. Percibir es sentir, saber o comprender interiormente. Ella comprende qué lleva a la mesa y lo valora interiormente. No duda de la valoración que ha hecho; ni tampoco halla necesario alardear sobre la calidad de su mercancía. La mujer ideal no tendrá una actitud de orgullo, pero tampoco bajará sus ojos con falsa humildad. Simplemente tiene una visión equilibrada de sus negocios. Estate atento. Incluso si tienes mucha confianza, alguien puede intentar minimizar tu valor y decir que lo que traes vale poco o nada, pero su opinión no te perturbará cuando estés plenamente persuadido en tu interior, cuando percibas tu valor.

3. Ella ve que *sus* negocios son buenos. Aquí tenemos a una mujer que no se siente intimidada ni preocupada indebidamente por las mercaderías de los demás comerciantes. En consecuencia, no dedica sus energías a comparar o a competir. Su mercancía habla por sí misma. Como cristiano, competir por cualquier cosa de la vida fuera del área de los deportes es tan inútil como intentar pasar en velocidad a otro auto en la autopista. Ambos conductores tienen un destino diferente. ¿Por qué competir con otra persona por su destino cuando Dios ya lo ha ordenado?

4. El versículo declara que ella ve que sus negocios

son buenos. Esta mujer tiene confianza actual. No está aferrada al pasado, pensando en los buenos negocios que solía tener. Ni tampoco está posponiendo la persecución de sus metas hasta que su mercancía sea perfecta. Ella simplemente da un paso adelante en fe, habiéndolo hecho lo mejor que podía. Sus negocios son buenos hoy; mañana están en manos de Dios. La ansiedad no tiene lugar en su vida.

5. Esta mujer fuerte mental y moralmente percibe que sus negocios son *buenos*. Ella valora lo que lleva al mercado. Se resiste a permitir que el hombre, los medios de comunicación o los mercaderes definan o fijen la norma para su mercancía. Ya sabes, tu mercancía es cualquier cosa que ofreces al mundo. Podría simplemente ser una actitud positiva, integridad, confidencialidad, lealtad o cualquier cualidad intangible. Y, si bien la sociedad puede que no lo valore mucho ni le otorgue un reconocimiento especial, tú debes percibir dentro de ti, como parte de tu sistema de valores basado en la Biblia, que tus negocios son buenos.

Además, realmente no hay necesidad de sentirse incompetente al lado de *nadie* cuando se tiene una relación íntima con el que creó a *todos*. Alguien dijo una vez: "El que se postra ante Dios, puede estar de pie ante cualquiera".

Reto a la confianza

- ¿Qué mercancía aportas? ¿Realmente percibes que es buena?
- De la siguiente lista de cualidades intangibles, comprueba cuántas puedes marcar como "buen

negocio" propio. Siéntete libre de añadir otras cualidades a la lista.

> accesible, afectivo, afirmante, alentador, articulado, benevolente, brinda apoyo, compasivo, completa las tareas, comprensivo, con discernimiento, con mentalidad espiritual, con temperamento uniforme, confiable, confidencial, considerado, de corazón tierno, decisivo, disciplinado, discreto, expedito, flexible, frugal, genuino, honesto, humilde, leal, muy trabajador, objetivo, organizado, pacífico, profundo, razonable, resuelto, sabe escuchar, sabio, sincero, sociable, sumiso ante la autoridad, transparente

- Aunque hayas marcado solo una palabra, ya estás aportando algo valioso. Declara a diario: "Percibo que mis negocios van bien".

Día 11

Conocimiento pobre

Mi pueblo fue destruido, porque le faltó conocimiento.

OSEAS 4:6

"El conocimiento es poder" es un adagio que todos llegamos a aceptar como sabiduría convencional. Cuanto más sepas, más confiado serás, natural y espiritualmente hablando. No hay nada que genere más sensación de inseguridad o de inferioridad que el conocimiento inadecuado.

Puesto que nunca llegaré a saberlo todo, intento aumentar la autoestima de los demás permitiéndoles que brillen mientras yo aprendo. Me encanta extraer información de las personas sobre sus experiencias de la vida. Fue el estadista británico Benjamín Disraeli el que declaró: "Cuanto más sepa un hombre sobre lo que se ha hecho, mayor será su poder para saber qué hacer".

Conocimiento secular

Si "el conocimiento es poder", entonces la lógica indica que "la falta de conocimiento es falta de poder". Lo que no sepas te hará daño. Los que cuenten con un conocimiento inadecuado no tendrán el poder de competir por salarios altos y ascensos. Este sentido de falta de poder solo aumenta el sentido de inseguridad.

Las habilidades de supervivencia básica hoy día, y aún más en el futuro, requerirán un conocimiento adecuado en las áreas que se tratan a continuación.

Habilidades de vocabulario. Enfrentémoslo. Las personas cada vez con más frecuencia juzgan la inteligencia, la educación y la capacidad de éxito por lo bien que se habla y por la extensión de nuestro vocabulario. Numerosos estudios han demostrado que hay una correlación directa entre el vocabulario y los niveles de ingresos.

Conozco a una mujer que es tan insegura respecto a su capacidad para hablar de forma correcta, que lee constantemente libros de gramática. Le aterra hablar en su iglesia. He asistido a cultos de la iglesia con ella en varias ocasiones y me maravilló que sus compañeros hablaran con frecuencia, aún cuando no son tan verbalmente correctos como ella. Usan mal los infinitivos y pronuncian mal las palabras sin vergüenza alguna ni aparente inseguridad. Para colmo, lo hacen en voz alta, que para ellos es equivalente a "la unción" o a estar "en el Espíritu".

Ahora bien, aunque ella aprendiera todas las reglas apropiadas de la gramática, se seguiría sintiendo incompetente porque ha escuchado por 30 años las palabras de su ex esposo maltratador diciéndole que ella es estúpida e incompetente para emprender cualquier cosa. Por lo tanto, vive en su propia prisión mental de un conocimiento pobre.

Competencia técnica. Si bien el vocabulario te puede introducir en el dominio del lenguaje, tarde o temprano deberás poder dominarlo. El multimillonario Bill Gates de Microsoft predice: "Habrá 'dos sociedades' en el futuro: los trabajadores con conocimientos muy bien pagados y los trabajadores de servicios mal pagados". Si sabes (o piensas) que tus habilidades son menores que las de la media, tu confianza va a decaer. Competencia equivale a confianza.

Cuando la mujer de Proverbios 31 salió a negociar con el mundo, ella sabía que llevaba buena mercancía. Creo que una de las razones clave por las que tenía tanta confianza sobre su mercancía se halla en el versículo 18: "Su lámpara no se apaga de noche". Ella dedica el tiempo y ejerce la diligencia necesaria para ser excelente en las cosas que emprende.

Habilidades sociales. Mi esposo y yo asistimos a muchas comidas formales. Me asombro con frecuencia por la cantidad de gente que tiene muy pocos conocimientos de la etiqueta adecuada para esas ocasiones. Miran a su alrededor, esperando aprensivamente que los demás comiencen a comer, y así ellos pueden seguir su ejemplo. Inspirada por su falta de confianza, diseñé una tarjeta que quepa en una billetera, llamada "Cenando con confianza". Esta tarjeta muestra, por un lado, la disposición correcta de la mesa y, por el otro, una lista de las principales reglas de etiqueta. Veo iluminarse la mirada en el rostro de mis clientes mientras la leen, aunque muchos sostienen: "La voy a comprar para un amigo". Sí, cómo no.

Tienes que tener conocimientos sociales para hacer presentaciones correctas, para dar la propina correcta, y para demostrar otros indicios de buenos modales. Tal conducta puede tener un impacto positivo en tu carrera como también en tu vida social. El elemento clave es acordarse de utilizar esas habilidades cuando sea necesario y no ser una persona aburrida y tiesa cuando la situación requiere un comportamiento más relajado.

Confianza verdadera

Ser excelente en las cosas que uno emprende aumenta la confianza. Saber que tus habilidades están asentadas y que has puesto lo mejor de ti obra maravillas a la hora de sentirte adecuado. Como me esfuerzo por sobresalir en cualquier cosa que hago, camino con un alto grado de confianza. Déjame explicarte.

El significado básico de la palabra "confianza" resulta "inspirador". Está compuesta por el prefijo "con" y la raíz "fi", que significa "fe". Caminar con confianza es caminar con fe. Podemos caminar con la fe y la convicción de que estamos capacitados por un Dios que lo sabe todo, que es todopoderoso y que está siempre presente.

Lamentablemente, a veces, cuando transmites confianza, alguna persona insegura te puede acusar de ser orgulloso o altanero. Debes tener cuidado del espíritu con que exhibes tu confianza para que no haya ni siquiera una pizca de verdad en dicha acusación.

Conocimiento espiritual

Creer que el conocimiento es poder es una verdad aún más dinámica en el reino espiritual.

La satisfacción de adquirir conocimientos seculares palidece en comparación con la seguridad emocional que se puede alcanzar al conocer a Dios y su Palabra. Proverbios 2:6 es un gran recordatorio: "Porque Jehová da la sabiduría, y de su boca viene el conocimiento y la inteligencia".

Cuanto más conozcas acerca de las promesas de Dios, más confianza tendrás. Incluso si nunca te conviertes en un experto en las habilidades seculares antes mencionadas, aún puedes andar con confianza suprema porque la verdadera confianza se logra conectando con Dios.

El conocimiento de la Palabra de Dios puede otorgar claridad a los asuntos enigmáticos de la vida. Cuando una determinada secta religiosa intentó forzar a Jesús a participar en un debate sobre un tema en particular, Él respondió: "Erráis, ignorando las Escrituras y el poder de Dios" (Mt. 22:29). Hay algunas verdades que debemos asentar en nuestros corazones y permitir que den paz a nuestros espíritus. Por ejemplo, yo he decidido en mi corazón que, de acuerdo con Isaías 14:27, nadie puede frustrar el propósito que Dios tiene para mi vida. También, según Romanos 8:28, no importa lo que suceda, las cosas están obrando para mi bien; por lo tanto, resisto la ansiedad y la preocupación. Debido a mi conocimiento de las Escrituras, también he decidido que, como un acto de mi voluntad, elegiré perdonar las ofensas que se perpetren contra mí para poder estar libre emocionalmente a fin de disfrutar la vida.

Reto a la confianza

- El conocimiento es poder y la ignorancia, una elección. Elige el conocimiento.
- Enumera, por orden de importancia, las áreas de tu vida (por ejemplo: espiritual, vocacional, financiera, social, etc.) en las que debes aumentar tu conocimiento. Expresa exactamente qué crees que necesitas aprender. ¿Qué recurso usarás para obtener el conocimiento deseado? ¿Cuándo comenzarás? ¿A quién le pedirás que te haga un seguimiento?

Día 12

Vivir sin propósito

Porque yo sé los pensamientos que tengo acerca de vosotros, dice Jehová, pensamientos de paz, y no de mal, para daros el fin que esperáis.

Jeremías 29:11

¿Tienes un sentido claro de por qué Dios te colocó sobre la Tierra, o estás conduciendo a la deriva por la autopista de la vida sin un destino en mente? Una existencia sin propósito es un gran obstáculo para la seguridad emocional. ¿Cómo puedes andar con confianza suprema y la total garantía de que Dios te hará triunfar en tus esfuerzos si no sabes con certeza que estás en su camino? Lamentablemente, este es el estado de muchos hijos de Dios. No están absolutamente seguros del propósito para el que han nacido y marchan penosamente a través de sus rutinas diarias, insatisfechos y con frecuencia frustrados por su falta de rumbo. Esta no es la "vida abundante" que Jesús prometió en Juan 10:10.

La energía del propósito

No hay nada más gratificante que ir tras el propósito que uno tiene, aun cuando la oposición parezca insoportable u otras distracciones amenacen con eclipsarlo. Hay una pasión, un fuego que se niega a ser apagado cuando uno se encierra en el plan de Dios para su vida.

Puesto que andar en nuestro propósito es tan energizante, si dudas acerca de cuál es tu propósito, una pregunta clave que te puedes hacer es: "¿Qué me energiza y cómo puedo usar esta energía para mejorar la vida de los demás?". Por cierto, cada uno tiene algún nivel de pasión por algo. Por supuesto, he hablado con personas que dicen que no tienen pasión por nada. Creo que lo que en realidad quieren decir es que no tienen fe para creer que, en efecto, podrían hacer lo que realmente desean de corazón.

La humildad en el propósito

Jesús fue un ejemplo perfecto de lo que significa andar en el propósito divino. "Sabiendo Jesús que el Padre le había dado todas las cosas en las manos, y que había salido de Dios, y a Dios iba, se levantó de la cena, y se quitó su manto, y tomando una toalla, se la ciñó. Luego puso agua en un lebrillo, y comenzó a lavar los pies de los discípulos, y a enjugarlos con la toalla con que estaba ceñido" (Jn. 13:3-5).

Jesús era plenamente consciente de tres cosas: en primer lugar, Él conocía la fuente de su *poder*. Jesús no vino a la tierra a desarrollar la confianza en sí mismo. Él conocía, y con frecuencia declaraba, que Dios lo había capacitado para hacer todo lo que hizo. Él nos advirtió que recordáramos que fuera de Dios no podemos hacer nada. En segundo lugar, Él conocía su *propósito*. Había venido a buscar y a salvar a los perdidos. Finalmente, Él conocía el *plan* de Dios para lograr ese propósito. Él podía obrar milagros que harían que muchos creyeran, y finalmente tuvo que enfrentarse a la cruz.

Una vez estés persuadido de tu propósito divino, puedes humillarte y servir a los demás sin sentirte por ello en desventaja o devaluado. Jesús lavó tranquilamente los pies de sus discípulos sin sentir que eso le quitara nada de su gloria. Después de todo, Él pronto regresaría a todos los honores y el esplendor que había gozado en el cielo antes de venir a la Tierra.

Jesús no se preocupó porque alguien lo desairara; Él no compitió con nadie, ni siquiera con el diablo. Al igual que Jesús, debemos creer de corazón que la promoción y la exaltación provienen de Dios, punto. Nadie puede robarnos nuestro destino divino. ¿Por qué no? "Porque Jehová de los ejércitos lo ha determinado, ¿y quién lo impedirá? Y su mano extendida, ¿quién la hará retroceder?" (Is. 14:27).

Vivir en tu carril

Cuando conducimos en las autopistas, con frecuencia vemos un cartel que dice "Solo camiones". De inmediato sabemos que determinada porción de la autopista ha sido apartada para: 1) facilitar el paso de camiones grandes y 2) impedir el avance de los automóviles. En consecuencia, todos los vehículos pueden llegar a su destino más rápidamente si cada uno se mantiene en su carril respectivo. Lo mismo ocurre cuando estás seguro de tu propósito. Te sientes cómodo en tu carril. No te ves atrapado intentando seguir el camino exacto de los demás. No tomas la salida de la calle principal solo porque es la ruta que toma María para llegar a su destino.

Jesús permaneció en su carril y no permitió que nadie

lo desviara de su propósito principal. Un día mientras estaba enseñando, fue interrumpido: "Le dijo uno de la multitud: Maestro, di a mi hermano que parta conmigo la herencia. Mas él le dijo: Hombre, ¿quién me ha puesto sobre vosotros como juez o partidor?"(Lc. 12:13-14). En esencia, Jesús estaba diciendo: "Miren, no voy a distraerme actuando como árbitro entre ustedes dos. Eso no forma parte de mi propósito aquí en la Tierra".

Incluso hasta el día en que Jesús dio su vida en la cruz, aún había muchas personas enfermas que necesitaban sanación, personas esclavas que necesitaban liberación, y una miríada de otras situaciones imposibles que necesitaban su atención. Él sabía que a través de su muerte y resurrección, todo podría abordarse. Entonces, a pesar de los problemas sin resolver, Él, con confianza, le dio a su Padre celestial este informe sobre su ministerio: "Yo te he glorificado en la tierra; he acabado la obra que [*tú*] me diste que hiciese" (Jn. 17:4). Se negó a dejar que Satanás, sus propios discípulos, miembros de su familia con buenas intenciones, personas necesitadas, o cualquier otro lo distrajeran de su propósito.

Reto a la confianza

- ¿Puedes expresar tu propósito divino en una única oración? ¿Lo estás persiguiendo ardientemente?
- Si todavía no sabes cuál es, piensa si estás abordando su búsqueda desde la perspectiva de cómo mejorará *tu* vida en lugar de las vidas de los demás.

Día 13

Transgresiones del pasado

Si nuestro corazón no nos reprende,
confianza tenemos en Dios.

1 Juan 3:21

Somos la suma total de todo lo que experimentamos, lo bueno y lo malo. Podemos tratar de pensar o imaginar con todas nuestras fuerzas que la conducta negativa de nuestro pasado nunca ocurrió, o podemos decidir aceptar la realidad de la experiencia. Cómo elegimos responder al pasado determinará nuestro destino.

Todos hemos pecado. Al hacerlo, respondimos pidiéndole perdón a Dios y avanzamos confiando en que no repetiríamos ese acto, o seguimos aferrados a la culpa, siempre recordando con remordimiento que hemos hecho algo malo. La culpa puede causar mucha inseguridad. En la lectura del día 2, vimos cómo los celos de Saúl lo llevaron a ir tras la vida de David, porque Saúl temía que David ocupara su lugar como rey. La inseguridad de Saúl estaba bien fundamentada. Dios dijo que, debido a la desobediencia de Saúl, le quitaría el reinado y se lo daría a otra persona. Muchas veces cuando sabemos que no hemos hecho lo debido, o hemos sido remisos en nuestras responsabilidades, desarrollamos un sentimiento de ansiedad acerca de las posibles consecuencias. Por ejemplo, muchos hombres y mujeres están plagados de celos por su propia infidelidad o indiscreciones previas. Viven con gran temor pensando que un día cosecharán lo que han sembrado. Algunos incluso han recurrido al maltrato verbal y físico de su pareja para detener lo que creen que es inevitable. Vamos a reflexionar sobre la historia de alguien a quien llamaremos Sara.

Sara tuvo una aventura amorosa con un hombre casado y ahora vive con el temor acuciante de que su esposo algún día viole sus votos matrimoniales. Ella sospecha de la mayoría de las mujeres que se relacionan con él. Su inseguridad no ha pasado desapercibida para sus amigos y conocidos. Además, puesto que Sara violó la ley de Dios así como su propio sentido de la moralidad, está acongojada por el castigo que siente que merece. Ella me confesó que eso la mantiene en un estado de ansiedad e inseguridad constante. ¿Cómo puede liberarse Sara de su dilema? Debe pedir y aceptar el perdón de Dios. Esto suena fácil, pero todos nosotros sabemos que no lo es. Se requiere fe para aceptar el perdón de Dios y para liberarnos de la culpa y la condena. Cuando nos arrepentimos, debemos *creer* en su promesa: "Y nunca más me acordaré de sus pecados y transgresiones" (He. 10:17). Dios no recuerda el pecado confesado, así que nosotros tenemos que dejar de revivirlo. Dios no quiere oír hablar de él nunca más. Él aclara: "Pues donde hay remisión de éstos, no hay más ofrenda por el pecado" (v. 18). Basta con una vez. No hay necesidad de arrepentirse después de la primera vez. Hacerlo es ofrecer otro sacrificio. Demasiadas personas sacrifican el resto de sus vidas en el altar del remordimiento por una única transgresión.

Obediencia y seguridad

Cuando sabes que te has comportado de manera coherente con las normas de Dios, tienes una sensación interior de seguridad y fuerza. La confianza de Jesús provenía de saber que Él obedeció a Dios. "Porque el que me envió, conmigo está; no me ha dejado solo el Padre, porque yo hago siempre lo que le agrada"(Jn. 8:29). El apóstol Juan se hizo eco de una convicción similar: "Amados, si nuestro corazón no nos reprende, confianza tenemos en Dios; y cualquiera cosa que pidiéremos la recibiremos de él, porque guardamos sus mandamientos, y hacemos las cosas que son agradables delante de él" (1 Jn. 3:21-22).

Hace muchos años, trabajé como vicepresidenta de un complejo de centros de entretenimiento. La compañía estaba a punto de ser adquirida por otra entidad. Sin embargo, me sentí morir cuando me enteré de que la compañía subsidiaria en la que estaba empleada cerraría el siguiente año como parte de una reestructuración corporativa. Ocupaba un cargo importante que incluía una oficina decorada con mucho gusto, y un estupendo paquete de retribuciones tan típico de la industria del entretenimiento. Y además no ansiaba comenzar una búsqueda de empleo.

Los salarios en la industria del entretenimiento en general solían ser mucho más altos en ese momento que en otras industrias. Sabía que sería difícil encontrar un nuevo cargo con beneficios similares, así que comencé a ponerme un poco nerviosa. Lo primero que me preguntó mi marido cuando le dije que mi compañía subsidiaria iba a cerrar fue: "¿Hay algún pecado en tu vida?". (¡Imagínate!). Le aseguré que estaba actualizada respecto a la confesión del pecado. Intenté convertir en hábito mantener abierta la puerta del arrepentimiento para que mi canal con Dios no tuviera obstáculos. Luego, él me aseguró que podíamos relajarnos y creer en la provisión de Dios.

Con la confianza puesta en la promesa de Dios de multiplicar las semillas que habíamos plantado no solo en nuestra iglesia, sino también en las vidas de los demás, y seguros de haber andado en obediencia e integridad respecto a nuestras finanzas, liberé toda ansiedad, es decir, hasta aproximadamente 30 días antes de la fecha designada para el cierre. No recibí ni una oferta de trabajo, básicamente debido al hecho de que solo les había hablado a algunos conocidos del asunto y a que no había enviado ningún currículum vitae. Un sábado Darnell y yo estábamos en el auto y exclamé con frustración: "Señor, si me desilusionas, se lo voy a contar a todo el mundo". Imagínate, amenazar con arruinar la reputación de Dios. Pasmado por lo que había dicho, Darnell respondió: "Dios, ese es su lado del auto. Por favor no me mates de un golpe". Unas pocas semanas más tarde, una gran empresa, a través de un ejecutivo que se encargaba de reclutar, ¡me ofreció una posición de alto nivel con un 20% de aumento! El empleo fue creado y las responsabilidades fueron definidas *después* de haber estado a bordo varias semanas con pocas cosas que hacer. ¡Dios lo había hecho de nuevo! No creo que pudiera haber tenido la confianza de creer en tal milagro de haber tenido que luchar con una conciencia culpable por vivir en desobediencia.

Debemos hacer todos los esfuerzos posibles para alinear nuestras vidas con los requisitos de Dios. Cuando lo hacemos, eso tiene un gran impacto sobre nuestro sentido de seguridad. "Y el efecto de la justicia será paz; y la labor de la justicia, reposo y seguridad para siempre" (Is. 32:17).

Reto a la confianza

- ¿Tienes algún pecado *no confesado* que evita que andes con total confianza? Arrepiéntete ahora y acepta el perdón de Dios.
- ¿Te estás arrepintiendo todavía de un pecado que cometiste hace mucho tiempo? ¿Puedes reposar ahora que sabes que Dios ni siquiera lo recuerda?

Día 14

Perfeccionismo

¿Tan necios sois? ¿Habiendo comenzado por el Espíritu, ahora vais a acabar por la carne?

GÁLATAS 3:3

¿Te mortificas cuando, a pesar de tus mejores esfuerzos, no cumples con tus expectativas? ¿Sientes que lo que logras nunca es lo suficientemente bueno? ¿Eres lento para tomar una decisión o para entregar un proyecto porque debes asegurarte de que es lo correcto? ¿Siempre estás intentando mejorar algún aspecto físico de ti mismo que la gente ya admira? Si respondiste afirmativamente a cualquiera de las preguntas anteriores, esta sería mi última pregunta: ¿Estás preparado para abandonar la prisión del perfeccionismo?

En este capítulo hablaré de la conducta perfeccionista en tres áreas: perfección espiritual, perfección en la ejecución y perfección física. Mi meta es lograr que abandones el pensamiento que te roba la paz, la productividad y la satisfacción personal que puedes experimentar una vez que aceptas las debilidades, las imperfecciones y las dificultades inherentes al ser humano. Nunca serás capaz de experimentar seguridad emocional si sientes que debes asegurarte de que todo lo relacionado contigo sea perfecto.

Perfección espiritual

Los fariseos eran un grupo despreciable que buscaba la perfección en la observancia de las leyes de Moisés y en las tradiciones de sus ancianos. ¿Por qué se oponía Jesús tan obstinadamente a este grupo? Porque Él no solo vino a traer un pacto de gracia que cumpliría y trascendería la ley, sino que también sabía cuán fútil era procurar la perfección humana. Sin embargo, Él pareció contradecirse cuando les ordenó a sus discípulos: "Sed, pues, vosotros perfectos, como vuestro Padre que está en los cielos es perfecto" (Mt. 5:48). ¿Estaba dando Jesús un doble mensaje? Encontramos claridad en su mandato cuando observamos cuidadosamente el significado de la palabra "perfecto". Ser perfecto es ser completo o maduro. La perfección que Dios requiere es simplemente un corazón maduro en amor y completamente dedicado a hacer la voluntad de Dios a la manera de Dios. En ningún lugar la Biblia equipara la falta de pecado con la perfección. El apóstol Pablo comprendía este hecho demasiado bien. Él confesó: "No que lo haya alcanzado ya, ni que ya sea perfecto; sino que prosigo, por ver si logro asir aquello para lo cual fui también asido por Cristo Jesús" (Fil. 3:12).

De hecho, un objetivo era que vivamos libres de pecado. Sin embargo, nuestro Señor sabía que como humanos falibles ocasionalmente no cumpliríamos del todo con sus requisitos, ya se tratara de palabras, pensamientos u obras. Por lo tanto, Él colocó un recurso momentáneo en su lugar para tratar con nuestras transgresiones. "Hijitos míos, estas cosas os escribo para que no pequéis; y si alguno hubiere pecado, abogado tenemos para con el Padre, a Jesucristo el justo" (1 Jn. 2:1). Jesús fue la única persona que anduvo en carne humana y que podía reclamar la perfección.

El fracaso puede ser una herramienta de enseñanza. Dios nunca se sorprende ni se impacta cuando fracasamos. Él es omnisciente; Él conoce lo que haremos mucho antes de que lo hagamos. Tampoco se desilusiona jamás por nuestros actos, porque desilusionarse es experimentar una expectativa no cumplida.

Cuando lleguemos a comprender que el fracaso puede ser una herramienta clave en nuestro desarrollo espiritual y emocional, abrazaremos el poder de convicción del Espíritu Santo, pediremos y aceptaremos el perdón de Dios y avanzaremos, en gran parte como lo hizo el apóstol Pablo: "Hermanos, yo mismo no pretendo haberlo ya alcanzado; pero una cosa hago: olvidando ciertamente lo que queda atrás, y extendiéndome a lo que está delante, prosigo a la meta, al premio del supremo llamamiento de Dios en Cristo Jesús" (Fil. 3:13-14). No hay necesidad de vagar en el desierto de la condena cuando Dios tiene una tierra prometida esperando ser habitada. En lugar de preguntar: "¿Cómo pudo haberme sucedido esto?" o "¿Alguna vez seré adecuado para su servicio?", debemos preguntarnos: "¿Qué lección puedo aprender de esto?" La verdadera tragedia al fracasar se produce cuando seguimos yendo a la misma montaña y cometiendo los mismos errores.

Perfección en la ejecución

Están aquellos que, en lugar de buscar su relación perfecta con Dios, eligen obtener las críticas elogiosas del hombre por medio de una ejecución impecable. Pongamos por ejemplo a una conocida a quien llamaré Diana. Diana es una mujer insoportablemente inflexible y quisquillosa. Todo debe hacerse de acuerdo a sus elevadas normas irreales. Ella es hija de pastor, y de niña se esperaba que fuera intachable en todos los aspectos de su vida. Diana trató de evitar cometer errores a toda costa para no abochornar a su padre o manchar la imagen perfecta de la familia. Si bien ha pasado mucho tiempo desde que se convirtió en adulta y ya no está sujeta al escrutinio de la congregación criticona de su padre, ella continúa buscando la perfección en todo lo que hace. Es sumamente sensible a cualquier crítica constructiva. Se eriza ante la menor sugerencia de una mejora en sus planes grabados en piedra.

Los intentos sin fin de Diana de ser perfecta la alejan de los demás. Su perfeccionismo la mantiene en un círculo vicioso de actividad. Ella establece normas irreales para ella o para los demás y se considera (o considera a los demás) un fracaso por no poder cumplir con esas normas. Con cada nuevo proyecto, ella comienza a procesar todo de nuevo, más resuelta a que esta vez resulte perfecto. Cada experiencia solo sirve para erosionar más su sentido de la seguridad. Hasta la fecha, no ha aprendido la diferencia entre el perfeccionismo y la búsqueda sana de la excelencia. En consecuencia, obtiene poca satisfacción de sus esfuerzos nobles por ayudar a los demás.

Diana necesita comprender la raíz de su perfeccionismo. Ella debe responder con sinceridad a la pregunta: "¿A qué le temo realmente?". Luego, debe preguntarse:

"¿Qué es lo peor que podría suceder si las cosas no resultaran perfectas?". Cuando se detenga y considere los posibles resultados, puede que descubra que sus temores no tienen una base tan fuerte como ella pensaba.

Mi experiencia me han enseñado que los perfeccionistas deben aprender a disfrutar del proceso de lograr sus metas sin obsesionarse por el resultado final. Deben volverse más flexibles y lo suficientemente maduros como para solicitar y prestar atención a una opinión sincera. Y lo más importante es que los perfeccionistas deben entregar todos sus planes a Dios y creer que Él obrará las cosas para bien mientras sigan su guía. Me resulta interesante que Noé, un aficionado guiado por Dios, construyera el arca mientras que profesionales, usando lo mejor de la sabiduría humana, construyeran el *Titanic*. El arca cumplió con su propósito. El *Titanic* se hundió.

Perfección física

Yo vivo en el sur de California, donde parece que se adora más la belleza física que a Dios. Por supuesto, la presencia de la industria de la televisión y el cine aquí con sus hábiles artistas de maquillaje y expertos en cambios de imagen ha establecido una norma de belleza que solo unos pocos pueden alcanzar. Aún así, la influencia de Hollywood se ha infiltrado en todo el país y hasta en todo el mundo. Con razón la inseguridad reina entre las masas.

Para algunas mujeres, en especial las que pueden pagarlo (e incluso algunas que no pueden), la menor imperfección amerita una llamada a un especialista para que la "arregle". Abundan las cirugías plásticas para mejorar la belleza a pesar de que muchas personas han muerto o sufrido complicaciones graves intentando lograr el cuerpo o el rostro perfecto.

Algunas personas se vuelven inseguras de sus mejores rasgos. Por ejemplo, supongamos que la gente le dice con frecuencia a una mujer que tiene un cabello, unos dientes, o una piel hermosos. En poco tiempo, ella puede comenzar a obsesionarse con formas de asegurarse de que el rasgo elogiado siempre esté perfecto. Algunas mujeres realmente han arruinado algo que era naturalmente hermoso al intentar perfeccionarlo.

Diseñado para el destino

¿Sabías que Dios dictó nuestros rasgos físicos inmodificables incluso antes de que entrásemos en este mundo? El salmista declaró: "Porque tú formaste mis entrañas; tú me hiciste en el vientre de mi madre" (Sal. 139:13). De acuerdo con el profeta Isaías, cada aspecto de nuestro cuerpo fue diseñado para cumplir su propósito divino: "Ahora pues, dice Jehová, el que me formó desde el vientre para ser su siervo" (Is. 49:5). Dios deliberadamente dio forma a cada uno de nosotros para su servicio. ¿Cómo podemos entonces quejarnos de ser demasiado bajos, demasiado altos, demasiado morenos, demasiado pálidos o demasiado cualquier cosa que sea inmutable?

Puesto que no podemos perfeccionar lo que Dios ya ha perfeccionado para su propósito, nuestro objetivo debería ser aceptar la obra de sus manos. ¿Cómo lo hacemos? ¿Aceptar nuestros rasgos significa que deben gustarnos?

Antes de explorar las respuestas a estas preguntas, distingamos entre los rasgos que pueden cambiarse y los que no. Aunque Dios dictaminó nuestra posición vertical (altura), nuestra dimensión horizontal (peso), en gran parte, ha sido dictada por nuestros hábitos alimenticios y de ejercicio. La altura no puede cambiarse; pero el peso puede controlarse incluso a pesar de los factores hereditarios. Ejemplos de otros rasgos que no pueden cambiarse incluyen los ojos, la nariz, la piel, la estructura corporal y la etnicidad, por nombrar algunos.

Fortalecerás tu seguridad emocional cuando hagas las paces con cada aspecto de tu ser. Por la gracia de Dios y la habilitación divina, debes aceptar de verdad —no meramente resignarte— su diseño soberano. Cuando lo hagas, dejarás de compararte con los demás y de juzgarte como inferior o superior. La falta de naturalidad y el hecho de preocuparte por la apariencia exterior desaparecerán. Ahora has limpiado el camino para que brille tu belleza verdadera, la interior.

Reto a la confianza

- Puesto que las personas conectarán mejor contigo a través de tu vulnerabilidad y tus debilidades, aprende a aceptar tu propia humanidad y a volverte más accesible. Identifica conductas perfeccionistas específicas en diversas áreas de tu vida y toma una decisión consciente de ponerles fin.
- Nombra una cosa en la que trabajarás específicamente.

Día 15

El orgullo

Revestíos de humildad; porque:
Dios resiste a los soberbios.

1 Pedro 5:5

El orgullo, ese sentido desmesurado de la propia superioridad, ha estado en la raíz de algunas de las principales tragedias del mundo. Puede destruir la vida de una persona más rápido que una bala. Las Escrituras nos recuerdan cuánto odia Dios el orgullo. Fue debido al orgullo que Lucifer intentó exaltarse por encima de Dios y, al hacerlo, persuadió a una hueste de ángeles a que se rebelaran en el cielo (Is. 14). Fue el orgullo lo que hizo que Ahitofel se suicidara porque Absalón no aceptó su consejo (2 S. 17:23). El orgullo hizo que Amán tramara la muerte de Mardoqueo y de todos los judíos porque Mardoqueo no se postraba ante él (Est. 3:5). Dios trajo el desastre sobre la próspera ciudad costera de Tiro para destruir su orgullo y para "envilecer la soberbia de toda gloria" (Is. 23:9). Los soberbios nunca terminan bien.

Un colaborador me contó una historia de dos patos y un sapo que vivían felizmente juntos en el estanque de una granja. Siendo muy buenos amigos, los tres se divertían y jugaban juntos en el agua. Sin embargo, cuando vinieron los días calurosos del verano, el estanque comenzó a secarse, y pronto resultó evidente que debían abandonarlo. Este no era problema para los patos, quienes fácilmente podían volar a otro estanque. Pero el sapo estaba atrapado. Tras pensarlo, ideó un plan perfecto. Sugirió que los patos colocaran un palo en sus picos para que él pudiera colgarse de allí con su boca mientras volaban a otro estanque a unos pocos kilómetros de distancia. El plan funcionó bien, tan bien, de hecho, que mientras estaban volando, varias personas miraron hacia arriba y aplaudieron su ingenio. Con cada elogio, el sapo se enorgullecía más. Justo cuando estaban por llegar a su destino, un granjero miró hacia arriba con admiración y exclamó: "Vaya, ¿no es esa una idea inteligente? Me pregunto a quién se le habrá ocurrido". Ansioso por llevarse el mérito, el sapo gritó: "¡Fui yo!" y se cayó hacia su muerte. "Antes del quebrantamiento es la soberbia, y antes de la caída la altivez de espíritu" (Pr. 16:18).

El orgullo impide la intimidad con Dios

Como Dios resiste a los soberbios, una persona orgullosa no puede experimentar una relación estrecha, íntima y confiada con Él. Dios no tolera el orgullo de nadie. Si el exaltado se niega a humillarse, no deja a Dios otra opción que hacerlo por él. Pregúntale al rey Nabucodonosor. Su orgullo le venció un día mientras paseaba por su palacio. "Habló el rey y dijo: ¿No es ésta la gran Babilonia que yo edifiqué para casa real con la fuerza de mi poder, y para gloria de mi majestad?" (Dn. 4:30). Imagínate, otorgarse el crédito por lo que Dios le había dado. Un año antes, Daniel le había dicho al rey, a través de la interpretación de su sueño, que debía cambiar sus maneras. Él había ignorado la advertencia de Daniel. Ahora, ya era suficiente. Dios interrumpió su momento de orgullo. "Aún estaba la palabra en la boca del rey, cuando vino una voz del cielo: A ti se te dice, rey Nabucodonosor: El reino ha sido quitado de ti" (Dn. 4:31). Dios exiló a Nabucodonosor a los campos durante siete años. Debía comer hierba como una vaca. Ya no contaba con los privilegios de acicalamiento personal. Su cabello creció tan largo como las plumas de un águila y sus uñas eran como las garras de las aves. Perdió su cordura.

Dios llevó a Nabucodonosor tan abajo que durante siete años la única dirección a la que podía mirar era hacia arriba. Finalmente aprendió que Dios rige en los asuntos de los hombres y que otorga reinos a quienes Él desea dárselos. Ahora, estaba preparado para andar en humildad. Cuando se humilló, Dios tuvo misericordia de él y le devolvió la cordura y su reinado. Volvió del campo declarando la soberanía de Dios sobre otros reyes y reinados. "Ahora yo Nabucodonosor alabo, engrandezco y glorifico al Rey del cielo, porque todas sus obras son verdaderas, y sus caminos justos; y él puede humillar a los que andan con soberbia" (Dn. 4:37).

La trampa de la confianza en uno mismo

El orgullo promueve la confianza en uno mismo. Nos dice que realmente podemos hacer cosas por nuestros propios medios y, en el proceso, le cerramos la puerta en la cara a Dios y a la obra del Espíritu Santo, nuestro ayudador.

Durante muchos años fui una firme defensora de la confianza en uno mismo. Abracé las enseñanzas de los disertantes motivacionales seculares que me convencieron de que, si creía *en mí misma*, el cielo era el límite en términos de lo que podía lograr. Sin embargo, enfrenté varias situaciones profesionales y personales que requerían más habilidades, conocimiento y entereza mental de las que yo poseía, y comencé a darme cuenta de que la confianza en mí misma no era suficiente. Debía confiar en alguien o en algo más grande y mejor equipado.

La confianza en uno mismo resalta la fe o la confianza en los poderes, las capacidades o las habilidades de uno. El general George S. Patton afirmó una vez: "La cualidad más vital que puede poseer un soldado es la confianza en sí mismo". Por supuesto que entiendo el intento del general de motivar a las tropas con este consejo mundano. Sin embargo, fue solo eso, un consejo mundano. La cualidad más *perjudicial* que podemos tener es la confianza en nosotros mismos, porque dejamos de depender de Dios. Jesús dijo: "Yo soy la vid, vosotros los pámpanos; el que permanece en mí, y yo en él, éste lleva mucho fruto; porque separados de mí nada podéis hacer" (Jn. 15:5).

Cuando falla la confianza

La confianza en nosotros mismos nos hace actuar independientemente de Dios. Además, cuando una persona con confianza en sí misma y en sus propias fuerzas fracasa, con frecuencia se siente destruida al darse cuenta, con dolor, de su incompetencia. Su orgullo no le permite aceptar la responsabilidad plena del fracaso, así que culpa a los demás o a las situaciones sobre las que sostiene que no tiene ningún control. Ahora, su confianza propia se ha convertido en un obstáculo para su sentido de paz y seguridad.

Por otra parte, cuando se descarrían los planes de una persona que camina en la confianza suprema, es lo suficientemente sabia como para subordinar sus deseos a la voluntad soberana de Dios. Rápidamente se recuerda a sí misma que: "Muchos pensamientos hay en el corazón del hombre; mas el consejo de Jehová prevalecerá" (Pr. 19:21). Está convencida de que Dios tiene un propósito más elevado para su vida y que ningún hombre lo puede frustrar. Por lo tanto, no tiene necesidad de revolcarse en el terreno de la desilusión.

Confianza en el hombre

Algunas personas depositan su fe en la fuerza de los demás. Por ejemplo, el rey Asa de Judá tenía un corazón perfecto hacia Dios. A diferencia de sus predecesores, rechazó los ídolos de su época e hizo toda clase de intentos por andar con justicia ante Dios. Sin embargo, cuando una nación enemiga vino contra él, sintió pánico. Realizó una alianza militar con otro rey con fondos que tomó de la casa de Dios. Al oír las novedades de la coalición de Asa con otro ejército fuerte y bien equipado, su enemigo se replegó. Misión cumplida. Su plan había funcionado, o eso parecía.

Dios envió al profeta Hanani para reprender a Asa por su acto infiel: "Por cuanto te has apoyado en el rey de Siria, y no te apoyaste en Jehová tu Dios, por eso el ejército del rey de Siria ha escapado de tus manos. Los etíopes y los libios, ¿no eran un ejército numerosísimo, con carros y mucha gente de a caballo? Con todo, porque te apoyaste en Jehová, él los entregó en tus manos" (2 Cr. 16:7-8).

A pesar de sus fuertes convicciones morales, Asa hizo lo que todos nosotros hemos sido culpables de hacer en algún momento de nuestras vidas: actuó independientemente de Dios. Con frecuencia, esta es la situación de los que son muy lógicos e inteligentes. Su confianza está depositada en *su* capacidad para encontrar una solución a sus problemas. Una pauta de hacer solo lo que tiene sentido puede ser un obstáculo para desarrollar la seguridad emocional. Para poder caminar en confianza suprema, debes cambiar tu modo de pensar de "natural" a "espiritual".

Ten cuidado con tus puntos fuertes

En ocasiones nos volvemos muy seguros debido a nuestra trayectoria en un área determinada en que suponemos que siempre saldremos victoriosos. Sin embargo, cuanto más confiamos en nuestras propias fuerzas, más probable será que caigamos, que seamos más propensos a que nos sorprendan y que nos pillen desprevenidos. Pablo advierte: "El que piensa estar firme, mire que no caiga" (1 Co. 10:12).

Siempre había afirmado que podía mantenerme calmada en cualquier situación con carga emocional. Sin embargo, me encontré un día con un hombre que me irritó tanto que empecé a gritarle a más no poder. Ya no proclamo que tengo cualquier punto fuerte. He decidido seguir el ejemplo de Pablo. "Por lo cual, por amor a Cristo me gozo en las debilidades... en angustias; porque cuando soy débil, entonces soy fuerte" (2 Co. 12:10). De ninguna manera estoy sugiriendo que vayamos por la vida hablando de cuán débiles somos. Estoy advirtiendo que debemos estar *atentos* a que nuestra seguridad en cualquier situación se base en Dios, y no en nuestra propia fuerza.

Reto a la confianza

- Lee Daniel 4 y observa cómo el rey Nabucodonosor hubiera podido evitar su caída de la gracia.
- ¿Te sientes desafiado por un espíritu soberbio? Específicamente, ¿cuál es el objeto de tu orgullo (un logro en particular, atractivo físico o un talento)?
- Pide a Dios en oración que el Espíritu Santo te faculte para conquistar a este insidioso enemigo emocional.

Parte 3

Estrategias para conquistar al gigante de la inseguridad

Estrategia: *Un plan de acción para lograr una meta específica.*

Día 16

Descansar en la Palabra de Dios

¿Quién es este filisteo incircunciso, para que provoque a los escuadrones del Dios viviente?

1 Samuel 17:26

Enfrentémoslo. La inseguridad nos inquieta y nos hace sentir aprensivos. Sin embargo el deseo de Dios para sus hijos es que ellos no estén ansiosos por nada. Quiere que descansemos en su Palabra. Acceder a ese descanso es el desafío que todo problema nos presenta hoy día, y fue el desafío al que hicieron frente los israelitas que se encontraron encarándose con el humano de tamaño gigante llamado Goliat.

Catorce generaciones antes de la batalla con Goliat, Dios le dio a Abraham su palabra acerca de cómo lo cuidaría. Él prometió: "Bendeciré a los que te bendijeren, y a los que te maldijeren maldeciré" (Gn. 12:3). Posteriormente, cuando Él extendió esta y una hueste de otras promesas a los descendientes de Abraham, introdujo una disposición clave:

> *Este es mi pacto, que guardaréis entre mí y vosotros y tu descendencia después de ti: Será circuncidado todo varón de entre vosotros. Circuncidaréis, pues, la carne*

de vuestro prepucio, y será por señal del pacto entre mí y vosotros (Gn. 17:10-11).

Abraham creyó en las promesas de Dios. También lo hizo David. David sabía que su circuncisión lo convertía en heredero del pacto. Así, no pudo evitar sentirse justamente indignado cuando llegó al campo de batalla para llevar provisiones de alimentos y vio a todos los israelitas circuncisos escapando del gigante. Aparentemente nadie recordaba que los judíos tenían un pacto con Dios. Se sintió obligado a preguntar: "¿Quién es este filisteo *incircunciso*, para que provoque a los escuadrones del Dios viviente?" (1 S. 17:26, cursivas añadidas).

David en esencia estaba preguntando: "¿Cómo es que este hombre, que no tiene pacto alguno con Dios, siquiera piense en conquistarnos?". Lamentablemente, al huir del gigante, los israelitas demostraron que no tenían confianza en ese pacto. ¿Puedes identificarte con su modo de actuar? ¿Cuán firme es tu fe en la promesa de Dios de bendecir, proteger, y hacer prosperar a los que están en buena posición con Él? Si continuamos escapándonos de los gigantes en nuestras vidas, nunca veremos el poder de Dios manifestado.

Goliat se había mofado de los israelitas durante 40 días antes de que David entrara en escena. Si alguno de los soldados, incluyendo al rey Saúl, su líder, hubiera creído en el pacto, podrían haberse ocupado ellos mismos de Goliat.

Cuando crees en las promesas de Dios, no tienes por qué tolerar a ningún gigante en tu vida. Somos herederos del mismo pacto que Dios hizo con Abraham. "Y si vosotros sois de Cristo, ciertamente linaje de Abraham sois, y herederos según la promesa" (Gá. 3:29). ¿Cuánto tiempo has tolerado al gigante de la inseguridad? ¿Crees que "Poderoso es Dios para hacer que abunde en vosotros *toda* gracia, a fin de que, teniendo en *todas* las cosas *todo* lo suficiente, abundéis para *toda* buena obra" (2 Co. 9:8, cursivas añadidas)? ¿O has optado por permitir que la inseguridad reine en tu vida y te impida perseguir tus metas o tener relaciones significativas, de confianza? Si no se controla, la inseguridad se convertirá en una fortaleza que influirá en todo lo que hagas.

Aprender y descansar

Demasiados hijos de Dios piensan que la Biblia no es aplicable hoy día, que muchas de sus promesas ya están anticuadas. Están tristemente equivocados. David descansó en una promesa de protección que tenía 14 generaciones de antigüedad, y que sigue firme actualmente. A diferencia de los artículos del supermercado, la Palabra de Dios dura para siempre; no hay fecha de vencimiento en sus promesas. Debemos ser diligentes para guardarlas en nuestro corazón. Para cada proyecto en el que me embarco, imprimo y memorizo o consulto con frecuencia pasajes de la Biblia que me recuerdan que fuera de Dios no puedo hacer nada y que Él es fiel para completar cualquier obra que comienza en mí. Para mí, esos pasajes me liberan de cierto peso y responsabilidad, y los colocan sobre Él.

Sin embargo, no basta simplemente con memorizar los pasajes de las Escrituras. Hay una diferencia entre *aprender* la Palabra y *descansar* en ella. Descansar implica que hemos comenzado a depender de la Palabra; que nuestros pensamientos han dejado de ensayar escenarios del tipo "y si" y han dejado de estar influidos por realidades del presente. Medita en pasajes como Romanos 8:28 y 37, 2 Corintios 9:8, Filipenses 4:6-7, 2 Pedro 1:3 y 1 Juan 5:14-15, y pronto te darás cuenta de que no hay ninguna inseguridad que esté fuera de la capacidad de sanar de Dios. Nada es demasiado difícil para Dios. Él dijo: "He aquí que yo soy Jehová, Dios de toda carne; ¿habrá algo que sea difícil para mí?" (Jer. 32:27).

La historia de David y Goliat es representativa de muchas de las batallas que enfrentamos periódicamente: el bien sobre el mal, el poder de Dios sobre la fuerza del hombre, y la fe sobre el miedo. Cualquiera que sea la situación, cuando se asienta el polvo, nos quedamos con una verdad perdurable: podemos descansar en la Palabra de Dios. "Pero los que hemos creído entramos en el reposo, de la manera que dijo" (He. 4:3).

Reto a la confianza

- Escribe y memoriza la siguiente versión parafraseada y personalizada de 2 Corintios 9:8, advirtiendo las palabras enfatizadas.

> Y poderoso es Dios para hacer que ***toda*** la gracia abunde hacia mí, para que yo, en ***todas*** las cosas y en ***todos*** los tiempos, teniendo ***todo*** lo que necesito, abunde en ***toda*** buena obra.

- Toma una decisión consciente de descansar en estas palabras durante las siguientes semanas. Compártelas con un amigo.

Día 17

Negarse a ser disuadido

No podrás tú ir contra aquel filisteo, para pelear con él; porque tú eres muchacho, y él un hombre de guerra desde su juventud.

1 Samuel 17:33

Da por seguro que siempre habrá gente que intentará desalentarte en tu intento de matar a tu gigante de la inseguridad o a cualquier otro gigante de tu vida. Su oposición puede deberse al hecho de que "a la desgracia le gusta la compañía", o que estén proyectando en ti la falta de fe en sí mismos, o que tengan otros motivos para mantenerte encerrado en tu celda de la incompetencia. Cualquiera que sea la intención, puede que debas estar solo en tu búsqueda. No esperes el apoyo de un escuadrón de alentadores antes de comenzar.

David se topó con el desaliento tan pronto como llegó al campo de batalla y preguntó por qué todos escapaban de Goliat. Eliab, el hermano mayor de David, lo acusó de ser un ostentador engreído simplemente por estar en la escena (1 S. 17:28). La respuesta de David representa una estrategia clave para tratar con los desalentadores. Me hace recordar a mis ancianos en el sur. Cuando querían hacerle saber a alguien que ignoraban sus comentarios, decían: "No te estoy estudiando". Estudiar era darle a algo un pensamiento cuidadoso y consideración. Cuando David se alejó de Eliab para hablar con los otros hombres, él en esencia le estaba diciendo: "¡No te estoy estudiando! Voy a ignorarte y centrarme en otra persona". Podemos fácilmente caer en la trampa de tomar demasiado en cuenta al desalentador.

David debía enfrentar aún más desaliento. Incluso el rey Saúl le hizo una advertencia respecto a enfrentarse a Goliat. "Y dijo David a Saúl: No desmaye el corazón de ninguno a causa de él; tu siervo irá y peleará contra este filisteo. Dijo Saúl a David: No podrás tú ir contra aquel filisteo, para pelear con él; porque tú eres muchacho, y él un hombre de guerra desde su juventud" (1 S. 17:32-33).

Sin embargo, David no estaba preocupado por cuánta experiencia tuviera Goliat porque sabía que Dios era todopoderoso. Cuán trágico es cuando limitamos nuestra fe solamente a lo que podemos ver. Pensar que somos incompetentes para una tarea es egolatría. Esta mentalidad independiente aparta a Dios de la ecuación e ignora el hecho de que Él ha declarado que su fortaleza se perfecciona en la debilidad. Dios no llama a los cualificados; Él cualifica a los llamados.

Desalentar a los cristianos

Si eres cristiano, hay muchas probabilidades de que parte de la resistencia que enfrentas provenga de los que son herederos de las mismas promesas que tú reclamas. Como Eliab, cuyo nombre significaba "Dios es mi padre", los hijos de Dios pueden sentir resentimiento o envidia de tu deseo de conquistar a tu gigante. Debes tomar una decisión independiente de perseverar hasta que alcances la victoria.

Digamos que te sientes insegura de hablar en público, no solo debido a tu fuerte acento, sino también porque tienes sobrepeso. No obstante, tienes un gran dominio del idioma y la iglesia precisa voluntarios en esta área del ministerio para hacer anuncios semanales. Aunque hayas racionalizado durante los dos meses previos que esperar hasta el año próximo para ofrecerte como voluntario te daría tiempo para tomar unas clases a fin de quitarte el acento, así como también tiempo para completar un programa de adelgazamiento, ignoras tus argumentos autoimpuestos y decides hacerlo ahora. Sin embargo, cometes el error de contárselo a tu tímida y regordeta amiga Betty. Las dos habían disfrutado sentándose juntas en la parte trasera de la iglesia todos los domingos y pasándose una nota ocasional de una a otra. Alguna que otra vez hasta se rieron disimuladamente ante un error que cometió la anunciante en la pronunciación de determinadas palabras. Para tu desilusión, Betty te desalienta en cuanto a tu participación: "Te van a llamar "pueblerina" si subes allí con ese acento que tienes. ¿Y te has fijado en lo delgadas que están esas mujeres? Debe ser un requisito no escrito. Seguro que tendrás que comprarte ropa nueva también. Ya ves lo elegante que van todas, solo porque tienen que sentarse en la plataforma cuando es su turno para hacer anuncios".

¿Cómo responderías a los comentarios de Betty? ¿Le dirías: "Aléjate de mí, Satanás, tengo un gigante que matar"? Seguro que no. Aunque comprendas qué es lo que motiva sus comentarios, debes responder con amor: "Betty, me doy cuenta de todos los *hechos*. Sin embargo, lo *cierto* es que siento que Dios quiere que sirva en ese cargo, así que voy a hacerlo. Él puede manejar el resto".

No puedes darte el lujo de permitir que el comentario de otra persona, que emana de su inseguridad, refuerce la tuya. Debes manejar a esos desalentadores del mismo modo en que manejarías cualquier sustancia tóxica: eliminándolos o limitando tu exposición a ellos. Cuando debas entrar en contacto con él, protégete con lo adecuado, es decir, toda la armadura de Dios (Ef. 6:11-17).

Los enemigos de Nehemías intentaron todo truco disponible para evitar que reconstruyera el muro de la ciudad de Jerusalén, que estaba en ruinas. Observa cómo manejó su oposición:

> *Sanbalat y Gesem enviaron a decirme: Ven y reunámonos en alguna de las aldeas en el campo de Ono. Mas ellos habían pensado hacerme mal. Y les envié mensajeros, diciendo: Yo hago una gran obra, y no puedo ir; porque cesaría la obra, dejándola yo para ir a vosotros. Y enviaron a mí con el mismo asunto hasta cuatro veces, y yo les respondí de la misma manera (Neh. 6:2-4).*

Nehemías permaneció firme a pesar de sus esfuerzos. A veces uno tiene que repetirse indefinidamente cuando habla en serio acerca de matar a su gigante. Debes estar dispuesto a aceptar las humillaciones, la envidia, las distracciones, las palabras de desaliento y toda otra oposición.

Reto a la confianza

- ¿Quién ha impedido que mates a tu gigante?
- ¿Qué harás al respecto? ¿Cuándo?

Día 18

Recordar las victorias del pasado

Jehová, que me ha librado de las garras del león y de las garras del oso, él también me librará de la mano de este filisteo.

1 Samuel 17:37

Cuando David vio que el rey Saúl buscaba desalentarlo en cuanto a enfrentar a Goliat, decidió que mejor le daba un breve testimonio.

> *David respondió a Saúl: Tu siervo era pastor de las ovejas de su padre; y cuando venía un león, o un oso, y tomaba algún cordero de la manada, salía yo tras él, y lo hería, y lo libraba de su boca; y si se levantaba contra mí, yo le echaba mano de la quijada, y lo hería y lo mataba. Fuese león, fuese oso, tu siervo lo mataba, y este filisteo incircunciso será como uno de ellos, porque ha provocado al ejército del Dios viviente (1 S. 17:34-36).*

La capacidad de recordar el pasado es una de las funciones más poderosas del cerebro. Puede ser tanto una bendición como una maldición, según qué sea lo que se elija traer a la memoria. Recordar trae las emociones del pasado al "ahora", haya sido el suceso positivo o negativo. Recordar heridas, ofensas, desilusiones o fracasos hará que todas las emociones relacionadas con ellos corran a nuestra mente para crear de nuevo un estrago emocional. A la inversa, cuando se recuerdan experiencias positivas, se enciende de nuevo el valor, el gozo y el sentido de logro relacionados con la victoria. Nunca puedes subestimar el poder de una experiencia para volver a inspirar fe.

Desde la división del Mar Rojo hasta la caída de Jericó, los israelitas tuvieron numerosos milagros y proezas increíbles que Dios realizó a su favor. Dios les había advertido acerca de olvidar sus actos poderosos: "Acuérdate bien de lo que hizo Jehová tu Dios con Faraón y con todo Egipto; de las grandes pruebas que vieron tus ojos, y de las señales y milagros, y de la mano poderosa y el brazo extendido con que Jehová tu Dios te sacó; así hará Jehová tu Dios con todos los pueblos de cuya presencia tú temieres" (Dt. 7:18-19).

Hace varios años, cuando negocié un compromiso financiero sin precedentes para la construcción de un santuario de la iglesia, recuerdo que me sentía incompetente de vez en cuando al reunirme con banqueros muy sofisticados. Algunos de los términos del trato eran extraños para mí, y estaba preocupada de que si mi falta de conocimiento acabara siendo perjudicial para la iglesia. Sin embargo, mi ansiedad tuvo corta vida al ganar confianza cada vez que recordaba que, más de 14 años antes, había tomado un trabajo en una industria en la que no tenía ninguna experiencia. Dios se había mostrado fuerte y había permitido que yo desarrollara la reputación de ser una gran negociadora, como también de poder proyectar gastos futuros con un alto grado de precisión. Puesto que no estaba para nada familiarizada con las operaciones complicadas, supe sin lugar a dudas que Dios y sus ángeles estaban trabajando horas extras para mí. Fue una experiencia de mucha humildad. Fue entonces cuando aprendí que debía llegar tan preparada como fuera posible y, al mismo tiempo, esperar que las respuestas verdaderas, las cosas brillantes, provinieran de Dios.

Si has permitido que Satanás te diera una "amnesia de experiencias" y te has olvidado de los momentos de intervención divina en tu vida, ¿por qué no recordar el testimonio de otra persona? La fe puede provenir de más de una dirección. Recuerda las cosas buenas que Dios ha hecho por tus amigos, conocidos, colaboradores de trabajo e incluso gente de la que has oído hablar en las noticias. Los milagros aportan entusiasmo sin importar quién los reciba. Si Él lo hizo antes, puede hacerlo de nuevo.

Finalmente, haz un estudio de los milagros de la Biblia. Cada vez que siento dudas o que me siento insegura de mi capacidad para superar un obstáculo, leo la historia de David y Goliat. De hecho, esta sección del libro nació en uno de esos momentos.

Reto a la confianza

- Recuerda un momento o un incidente en que Dios te sacara de una situación difícil. ¿Crees que Dios es el mismo ayer, hoy y siempre?

Día 19

Rechazar las armas carnales

Porque las armas de nuestra milicia
no son carnales, sino poderosas en Dios
para la destrucción de fortalezas.
2 Corintios 10:4

Mi sobrina Dana es una joven culta, positiva, sociable, profesional y de confianza. En cualquier puesto que ocupa, Dios de inmediato hace que ella se gane el favor de sus superiores. Aparece periódicamente en el boletín de la empresa por su trabajo sobresaliente cada vez que la ascienden de un departamento a otro. Lamentablemente, esto también la convierte en el objeto de envidia de algunos de sus compañeros de trabajo, quienes temen que su presencia amenace sus futuros ascensos. Se ha convertido en maestra de contestar con gracia a su antagonismo. Saluda alegremente a quienes la ofenden y se ofrece a ayudarlos de cualquier manera posible. Se niega a tomar una actitud de respuesta carnal ante la inseguridad de otras personas.

Bueno, por si me equivoco al suponer que conoces la jerga espiritual, déjame explicarte que un "arma carnal" es cualquier respuesta o solución que emane de tu naturaleza humana o tendencias de la carne. Está en oposición directa a una alternativa piadosa o con inspiración espiritual. La carnalidad es la manera que tiene el mundo de tratar los asuntos problemáticos.

El rey Saúl, al no comprender que David no pensaba tener una pelea a espada con Goliat, le ofreció su armadura:

> *Y Saúl vistió a David con sus ropas, y puso sobre su cabeza un casco de bronce, y le armó de coraza. Y ciñó David su espada sobre sus vestidos, y probó a andar, porque nunca había hecho la prueba. Y dijo David a Saúl: Yo no puedo andar con esto, porque nunca lo practiqué. Y David echó de sí aquellas cosas (1 S. 17:38-39).*

David no había "probado" la pesada armadura, pero sí había "probado" el poder del Dios Todopoderoso. No había dudas acerca de qué fuente de poder y protección planeaba utilizar.

¿A qué armas o métodos estás acostumbrado al tratar con tu gigante? Para tener éxito al conquistar al gigante de la inseguridad en tu vida, debes "echar de ti" los métodos mundanos de tratar con él. El perfeccionismo, la adicción al trabajo, ropas de diseñador, una casa grande, un auto último modelo, cirugía plástica o conocidos bien relacionados no curan la inseguridad. La esencia de la inseguridad es sentirse "inseguro, incierto o incompetente". Solo puedes estar seguro cuando te conectas con Él, que no tiene deficiencia.

La verdad: el arma final

Observa que David no dudó en admitir su incapacidad para usar las armas del rey Saúl. En cambio, muchas personas inseguras tienen problemas con ser auténticas. Usan una fachada de confianza hasta que se convierte en una máscara permanente.

Vivir con seguridad requiere una evaluación sincera y una aceptación de tus puntos fuertes y debilidades personales. Si algunas malas decisiones te han llevado a donde te encuentras hoy, así será. No actúes como las víctimas típicas que se niegan a responsabilizarse de sus vidas. Prefieren culpar a otros de sus fracasos y debilidades. Puede que de hecho hayan sufrido una incompetencia genuina o una pérdida en manos de los demás. Sin embargo, como un reloj roto, se atascaron en la experiencia.

Las víctimas tienen una perspectiva de estado de resultados en contraposición a una perspectiva de balance. Un estado de resultados es un informe de todos los ingresos y gastos de una entidad durante un período del pasado, tal como un mes, un trimestre o un año. Todo lo que se informa en un estado de resultados representa el pasado. No hay transacciones subsiguientes que puedan cambiar la historia. Lo que se ganó se ganó; lo que se gastó, se gastó. Ahora bien, el balance, por otro lado, informa de los activos y pasivos de una entidad respecto a un punto específico en el tiempo. Como contadora, siempre me ha intrigado el hecho de que un balance pueda cambiar en el mismo día. Cuando uno desarrolla una mentalidad de balance, comprende que su situación puede cambiar sin tener en cuenta la realidad de su pasado. Con valentía, enfrenta tus pasivos al tiempo que permaneces consciente del hecho de que en realidad tienes algunos activos. Para llegar a ser emocionalmente seguro, debes tener una evaluación equilibrada de qué aportas y de cuáles son tus dificultades. Una persona orgullosa, o alguien que *simula* ser seguro, se concentra solo en sus puntos fuertes y entierra la cabeza en la arena cuando se trata de reconocer sus debilidades. En el otro extremo, la persona insegura está tan concentrada en sus debilidades o dificultades que no ha desarrollado una apreciación de los atributos o cualidades que posee.

Evaluar sinceramente tus fortalezas y debilidades es un paso clave para desarrollar la seguridad emocional. Tus dificultades y debilidades admitidas pueden ser tu mayor fortaleza. Cuando piensas que solo tienes puntos fuertes, la debilidad que ignoras finalmente acaba disminuyendo o limitando la productividad de tus puntos fuertes.

Abajo comento mi evaluación personal. En el reto a la confianza, al final del capítulo, tendrás la oportunidad de hacer tu propia evaluación.

Evaluación de fortalezas/debilidades

Fortalezas:

- Un compromiso sincero con Dios
- Valiente al expresar límites
- Buena organizadora
- Practico la integridad en todas las áreas de la vida
- Lucho por la excelencia en todos los asuntos que emprendo
- Cómoda en todos los niveles sociales

- Educación formal
- Respeto a todas las personas
- Buena motivadora
- Hábil en la gestión de conflictos

***Debilidades*:**

- Impaciente con las deficiencias de los demás
- Con frecuencia hablo demasiado rápido
- A veces soy demasiado directa
- Juzgo a los demás por su productividad
- Doy consejos no solicitados sobre autosuperación
- Propensa a colocar el trabajo por encima de las relaciones

Debes reconocer lo que aportas y comprender cómo tus debilidades afectan a tus relaciones cotidianas. Esta es la verdad que te liberará.

David sabía que no podía competir con la fuerza de Goliat. También sabía que no debía hacerlo. "Entonces dijo David al filisteo: Tú vienes a mí con espada y lanza y jabalina; mas yo vengo a ti en el nombre de Jehová de los ejércitos, el Dios de los escuadrones de Israel, a quien tú has provocado" (1 S. 17:45).

David tenía una relación íntima con su Padre. Él sabía que el mero nombre de Dios es una torre fuerte hacia donde corren los justos para su seguridad (Pr. 18:10). No importa qué tipo de gigante enfrentaba, como "parte del pacto", la batalla pertenecía al Señor. Él estaba seguro en esa verdad.

Reto a la confianza

- Usando el formato que se mostró más arriba, haz una lista de tus fortalezas y debilidades. Solicita los comentarios de un amigo en el que confíes para ver cuán genuino fuiste.

 Fortalezas:

 ____

 ____

 ____

 ____

 ____

 Debilidades:

 ____

 ____

 ____

 ____

 ____

Día 20

Resistir la intimidación

"Ven a mí, y daré tu carne a las aves del cielo y a las bestias del campo"

1 Samuel 17:44

Goliat se encumbraba sobre David mientras lo amenazaba. Si bien David tenía que mirar hacia arriba cuando le respondía, espiritualmente lo miraba hacia abajo. Miraba al gigante a través de los ojos de su omnipotente Dios, que estaba sentado en lo alto, mirando hacia abajo y que era capaz de conquistarlo todo. Era el mismo Dios que le preguntó al profeta Jeremías: "He aquí que yo soy Jehová, Dios de toda carne; ¿habrá algo que sea difícil para mí?" (Jer. 32:27).

David no se retrajo cuando Goliat lo amenazó con darle como alimento a las aves. No estaba intimidado. Intimidar es inspirar temor. ¿Te das cuenta de que la palabra *tímido* está contenida en la palabra in*timid*ar? Satanás quiere que el gigante de nuestras vidas inspire temor en nuestros corazones para poder continuar sojuzgándonos e impedir que avancemos.

Intimidación interior

Al luchar contra el gigante de la inseguridad, lo más probable es que la intimidación provenga de la autoevaluación errónea de tu valía o de tus capacidades. Puedes literalmente *entrar* en un estado de aprensión, temor y falta de mérito.

Observa un trozo de una historieta de Charlie Brown ("Carlitos") y Linus. Están almorzando en la escuela y Carlitos le confía a Linus que no se siente lo suficientemente bueno como para acercarse a determinada jovencita. Se lamenta: "No puedo hablar con esa niña pelirroja porque ella es alguien y yo no soy nadie. Ahora, si yo fuera alguien y ella no fuera nadie, podría hablar con ella, o si ella no fuera nadie y yo tampoco, también podría hablarle... Pero ella es alguien y yo no soy nadie, así que no puedo hablarle". Linus, habiendo escuchado atentamente esa confesión de inseguridad, responde: "Como don nadie, Carlitos, eres realmente alguien". Carlitos había permitido que la belleza de la pelirroja lo intimidara y le obligara a mantenerse al margen.

No puedo recordar un momento en mi vida adulta en la que haya estado demasiado temerosa de acercarme a alguien que los demás consideraran importante o intimidatorio. Me niego a creer que cualquier persona sea inherentemente mejor que yo porque sea más rico, famoso o pueda reclamar cualquier otra distinción. Procuro mantener una "perspectiva de Dios" cuando me relaciono con las personas. Para Él, todos somos mera carne creada a partir del polvo de la tierra. Sí, Él nos da grandes responsabilidades, recursos y nos expone a cosas, pero no tiene favoritos. Somos todos iguales ante sus ojos. Como dice el viejo dicho: "La tierra está nivelada a los pies de la cruz".

Responderle al gigante

David no iba a soportar la intimidación de Goliat; él sabía cómo responderle.

"Jehová *te* entregará *hoy* en *mi* mano, y yo *te* venceré, y *te* cortaré la cabeza, y daré *hoy* los cuerpos de los filisteos a las aves del cielo y a las bestias de la tierra; y toda la tierra sabrá que hay Dios en Israel. Y sabrá toda esta congregación que Jehová no salva con espada y con lanza; porque de Jehová es la batalla, y él *os* entregará en *nuestras* manos" (1 S. 17:46-47, cursivas añadidas). ¡Qué gran respuesta a las amenazas de Goliat!

¿Estás preparado para declararle a tu gigante que "hoy" es el día de su muerte? Ya se trate del gigante de la inseguridad, del alcoholismo, de una lengua indomable, o de una hueste de otras conductas autodestructivas, el gigante debe irse. Tú puedes decidir derrotarlo hoy.

Reto a la confianza

- ¿Hay alguna persona o situación que te intimide?
- ¿Qué declaración de las Escrituras utilizarás para "responderle" a tu gigante.

Día 21

Correr hacia el gigante

Cuando el filisteo se levantó y echó a andar para ir al encuentro de David, David se dio prisa, y corrió a la línea de batalla contra el filisteo.

1 Samuel 17:48

¿Estás listo para tomar tu espada de fe y cortarle la cabeza al gigante de la inseguridad? ¿Quieres vivir libre de la ansiedad, la inquietud, la incertidumbre y los temores que provienen de eventos o situaciones amenazadores?

Tu mejor estrategia siempre será atacar a un gigante antes de que él tenga la oportunidad de sacar lo mejor de ti. Eleanor Roosevelt decía: "Obtienes fuerza, valor y confianza con cada experiencia en la que realmente miras al miedo a la cara".

Ya sean reales o imaginarias, todas las amenazas se perciben como una posible pérdida. Puede ser falta de reconocimiento, pérdida de favor, pérdida de afecto, o incluso la pérdida de una relación deseada. La libertad empieza cuando nos detenemos y hacemos una confesión sincera de la pérdida a la que realmente le tememos.

Reconocer los temores centrales

Identificar y reconocer tus temores *reales* es un paso gigante para liberarte de la inseguridad. Para hacerlo, debes atravesar el proceso de pelar la "cebolla del temor" para llegar al centro de tu ansiedad o sentido de incompetencia. Según como haya sido tu historial de ser sincero contigo mismo, puede que tengas que pelar muchas más capas de las que esperabas.

Cuando desempeñaba un cargo financiero clave para una determinada corporación, sabía que la junta de directores de la empresa me tenían estima como una profesional competente. Me costó mucho mantener mi imagen ante sus ojos. Durante una reunión de la junta en particular, una de los miembros presentó una propuesta para invertir los fondos inactivos de la organización. Ella dijo que probablemente obtendríamos un beneficio mucho más alto que el que estábamos obteniendo con nuestra estrategia actual. Mientras continuaba explicando su recomendación, sentí que la ansiedad empezaba a asomar su fea cabeza. Habiendo comenzado mi estudio sobre la inseguridad unos días antes, estaba preparada para desafiar y rechazar su intromisión en mi vida. Ahora veía que eso no iba a ser sencillo.

Cuanto más explicaba ella su propuesta, más atacaba Satanás mi mente. *¿Por qué no he presentado yo esa idea? Ahora van a pensar que después de todo no soy tan brillante. ¿Por qué no me contó primero la idea a mí antes de presentarla ante la junta, aunque fuera informalmente?* Detuve mis pensamientos y me hice la siguiente pregunta: "¿A qué le tengo miedo?". La repuesta fue rápida y dolorosa. Temía la pérdida de su estima hacia mí. Temía que los elogios que recibía en cada junta cesaran. ¡Dios no lo permita! Yo amaba esas alabanzas. Trabajé muchas horas sin compensación para ser excelente, y, sí, para ser reconocida por serlo. Ahora había alguien amenazando mi posición en el pedestal. Y para colmo, la presentadora ni siquiera tenía una trayectoria financiera.

Como Saúl cuando se sintió amenazado por la pérdida de su reino ante David, sentí enojo hacia esta mujer. Sin embargo, a diferencia de Saúl, yo no iba a permitir que la inseguridad me hiciera atacar ciegamente en mi vida. Había aprendido de su error. Aspiré profundamente y recité en silencio 2 Corintios 10:5: "Derribando argumentos y toda altivez que se levanta contra el conocimiento de Dios, y llevando cautivo todo pensamiento a la obediencia a Cristo". Mis pensamientos estaban fuera de control. Rápidamente los frené. Sabía que reconocer mi verdadero temor me colocaría en el carril rápido hacia la libertad. *¿Y qué si ella presentó un buen plan para maximizar nuestros beneficios gracias al efectivo inactivo?* Medité. ¿Cómo podría eso impactar en mi calidad de vida? A no ser, por supuesto, que mi vida estuviera dedicada a tratar de ser la "Mujer Maravilla" que siempre tiene la respuesta para cada problema.

Al sugerirme que una pérdida de algún tipo era inminente, Satanás ya había plantado la semilla de la inseguridad. Sin embargo, habiendo reconocido mi temor central, rápidamente desarmé su plan. Esta es la estrategia que debemos utilizar con los pensamientos de inseguridad; debemos atacarlos en su etapa inicial. La propia naturaleza de un ataque implica una acción proactiva, agresiva.

David no se quedó parado allí a esperar que el gigante se acercara y lo sojuzgara. "Y aconteció que cuando el filisteo se levantó y echó a andar para ir al encuentro de David, David se dio prisa, y corrió a la línea de batalla contra el filisteo. Y metiendo David su mano en la bolsa, tomó de allí una piedra, y la tiró con la honda, e hirió al filisteo en la frente; y la piedra quedó clavada en la frente, y cayó sobre su rostro en tierra" (1 S. 17:48-49). No más diálogo. El gigante debía morir.

Una vez que hemos decidido conquistar nuestra inseguridad, ya no necesitamos aceptar a regañadientes lo que debemos hacer al respecto. Actuamos. La batalla que libramos con el gigante de la inseguridad no la luchamos solos. Dios quiere lucharla por nosotros. Como le dijo Hanani al rey Asa: "Porque los ojos de Jehová contemplan toda la tierra, para mostrar su poder a favor de los que tienen corazón perfecto para con él" (2 Cr. 16:9). Todo lo que Dios quiere de nosotros es que nos encomendemos a Él.

Nuevamente, la historia comienza cuando empezamos a tomar en serio lo que tememos y la pérdida que nos espanta.

Pelar la cebolla

Responder las preguntas correctas puede ser como el escalpelo de un cirujano que llega a la raíz de tus temores. El siguiente ejercicio te preparará para luchar contra el gigante de la inseguridad. Responde sinceramente cada pregunta. No te autoengañes. Ha llegado el momento de ser sincero. Ha llegado el momento de matar al gigante de la inseguridad.

Para ayudarte a comenzar, compartiré las respuestas

de una mujer que permanecerá anónima. Al final del capítulo, voy a desafiarte a completar el mismo ejercicio.

Preguntas y respuestas

1. *¿Qué situación o escena hace que te sientas insegura?* Me siento insegura cuando mi amiga viene a mi casa vestida con ropas sensuales o seductoras y mi esposo está en casa.
2. *¿A qué le temes en realidad?* Temo que él se sienta atraído hacia ella o que no se sienta satisfecho conmigo y finalmente me deje. Por lo tanto, le temo al rechazo y al abandono.
3. *¿Hay alguna base racional para ese temor?* Sí. Tengo que lograr mi meta de adelgazar. Sé que él preferiría que fuera más delgada a pesar de que me ama y me lo demuestra. Además, a mi amiga le falta sabiduría y discreción en la forma en que se relaciona con él. Se toma demasiadas confianzas y cruza mi zona de comodidad en la forma en que le responde.
4. *¿Cómo te hace comportar esta inseguridad?* Creo que soy demasiado crítica con ella en otras áreas. Tampoco me permito acercarme demasiado a ella desde el punto de vista emocional. En consecuencia, limito la cantidad de tiempo que paso con ella, aunque disfruto de su compañía cuando mi esposo no está presente.
5. *¿Es esta una respuesta piadosa? Si no lo es, ¿qué conducta crees que Dios consideraría apropiada?* Criticarla no es una respuesta piadosa. Sin embargo, limitar su participación en nuestras vidas sería

> sabio a la luz de su aparente falta de sabiduría. Fijarle límites claros y expresar mi preocupación sobre indiscreciones específicas sería la cosa espiritual madura a hacer.

Este ejercicio es liberador. El mejor beneficio que proporciona es que te abres respecto al problema, lo enfrentas y desarrollas un plan para superarlo. Dale Carnegie advirtió: "Haz lo que temes hacer y sigue haciéndolo. Esa es la forma más rápida y más segura descubierta hasta ahora para conquistar el miedo".

Reto a la confianza

- ¿Qué persona o situación te hace sentir inseguro?
- ¿A qué pérdida le tienes realmente miedo (por ej. pérdida de afecto, abandono, rechazo, pérdida de la estima o respeto de los demás, pérdida de condición social, pérdida de control)?
- ¿Hay una base racional para este temor? De ser así, explícalo.
- ¿Cómo hace que te comportes esta inseguridad?
- ¿Es esta una respuesta piadosa? Si no lo es, ¿qué conducta crees que Dios consideraría apropiada?
- ¿Qué pasos prácticos estás dispuesto a dar para resolver este problema? ¿Cuándo comenzarás?

Día 22

Recolectar la recompensa

¿Qué harán al hombre que venciere a este filisteo, y quitare el oprobio de Israel?

1 Samuel 17:26

Matar a cualquier gigante de tu vida tiene sus recompensas. Cuando David llegó por primera vez al campo de batalla y vio al pueblo de Dios huyendo del filisteo incircunciso, quiso inmediatamente saber cuál sería su recompensa por matarlo. Los que lo rodeaban ya sabían la respuesta: "Al que venciere, el rey le enriquecerá con grandes riquezas, y le dará su hija, y eximirá de tributos a la casa de su padre en Israel" (1 S. 17:25). Estoy segura de que estas tres recompensas le dieron un gran incentivo para matar al gigante. Pero, también era parte del destino de David hacerlo.

En este capítulo nos ocuparemos de las recompensas tangibles e intangibles por matar al gigante de la inseguridad.

Recompensas tangibles

Matar al gigante de la inseguridad te libera de la esclavitud de la incompetencia que ha impedido que persiguieras tus sueños.

Digamos que tu inseguridad está en el área de hablar

en público y que hay un cargo muy bien pagado disponible en tu compañía que requeriría que hicieras presentaciones formales de manera periódica. Conoces bien el material, pero la idea de ponerte de pie incluso frente a un grupo pequeño te hace sentir un nudo en el estómago. Pero podrías realmente sacar provecho al incremento de sueldo. ¿Qué haces? Bueno, no te sientes de brazos cruzados y derroches una oportunidad. Recuerda que la confianza tiene su raíz en el conocimiento. Si tienes la competencia técnica, ya estás a medio camino de tu meta. Solicita el puesto. Cree en que Dios se mostrará fuerte y te ayudará con tus presentaciones. Mientras tanto, cuando estás andando en fe, únete a un grupo local de maestros de ceremonias, toma una clase de oratoria en la universidad local o compra DVD que te den sugerencias para vencer el miedo escénico. Corre hacia el gigante.

He tenido varios empleados durante el transcurso de mi carrera profesional que lucharon contra la inseguridad. De tanto en tanto seleccioné a algunos para que fueran el objetivo de mi "amor duro" y les exigí un nivel de desempeño mucho mayor porque sabía que ellos tenían el potencial. Muchos regresaron y me informaron de su éxito, dándome las gracias por creer en ellos y por empujarlos más allá de su zona de comodidad. Estoy comprometida no solo con matar a los gigantes de mi vida, sino con ayudar a los demás a matar a los suyos.

Los hijos de Dios no tienen excusa para vivir con inseguridad cuando Él nos ha prometido que podemos hacer todas las cosas a través de Él, que nos fortalece.

Recompensas intangibles

Una de las recompensas intangibles más importantes al matar un gigante es la inspiración que les da a los demás para matar a sus gigantes.

Nadie en el ejército del rey Saúl había matado un gigante. En contraste, después de que David matara a Goliat, otros cuatro hombres, incluyendo su sobrino Jonatán, mataron a los gigantes que atacaron a los israelitas. Leo con gran satisfacción y deleite el relato del encuentro de Jonatán con un gigante.

> *Después hubo otra guerra en Gat, donde había un hombre de gran estatura, el cual tenía doce dedos en las manos, y otros doce en los pies, veinticuatro por todos; y también era descendiente de los gigantes. Este desafió a Israel, y lo mató Jonatán (2 S. 21:20-21).*

¡Qué marcado contraste entre cómo Israel trató con un gigante *antes* de que David matara a Goliat y el valor que desarrollaron *después* de que lo matara! Observa en el pasaje anterior que nadie se escapa. También hay una ausencia visible de fanfarria en el relato de este evento. No hay un relato detallado del diálogo que se dio entre Jonatán y el gigante como lo hubo con David y Goliat. La Biblia simplemente enuncia que cuando el gigante se mofó de Israel, Jonatán "lo mató". David había establecido una nueva norma.

Hasta 1954, nadie había corrido una milla en menos de cuatro minutos. Era el gigante inconquistable en el mundo de los que corrían carreras. La mayoría de las personas suponía que era prácticamente imposible que un ser humano lograra tal proeza; es decir, todos excepto Roger Bannister. El estudiante de medicina británico de 25 años utilizó sus conocimientos de medicina para que le dieran tanta ayuda como fuera posible. También investigó los aspectos mecánicos de correr y usó métodos de entrenamiento científico. El 6 de mayo de 1954, en una pista de la Universidad de Oxford, Roger Bannister completó la distancia en tres minutos y 59,4 segundos. Había matado al gigante. Lamentablemente, Roger nunca ganó una medalla olímpica, porque el australiano John Landy rompió su récord a los dos meses, demostrando que la milla en cuatro minutos era una barrera tanto psicológica como física.[1] No obstante, Bannister había establecido la norma.

El monte Everest es el pico más alto de la tierra por encima del nivel del mar, con una altura de aproximadamente 8000 metros. Una expedición normal tarda de 60 a 90 días. Durante la primera mitad del siglo XX, muchas personas atacaron la formidable montaña. Era el gigante inconquistable en el mundo de los escaladores. El 29 de mayo de 1953, Edmund Hillary y su guía serpa, Tenzing Norgay, fueron los primeros humanos en llegar a la cima. Hillary fue nombrado caballero por su proeza. Desde entonces, aproximadamente mil escaladores, que van desde los 16 a los 60 años, han completado la expedición.[2]

David, Bannister y Hillary conquistaron a los gigantes de su época e inspiraron a otras personas para que igualaran o superaran sus proezas.

---

1. https://es.wikipedia.org/wiki/Roger_Bannister.
2. https://es.wikipedia.org/wiki/Edmund_Hillary.

Cuando huimos de nuestros gigantes, nos hacemos a nosotros y a los demás un mal servicio. Debemos dejar de temer el ocuparnos de tareas difíciles. Si Dios lo hizo entonces, puede hacerlo de nuevo.

Reto a la confianza

- ¿A qué persona admiras por ser el primero en lograr una determinada proeza?
- ¿Sueñas con hacer algo que nunca nadie hizo antes? Medita en oración por qué Dios continúa permitiéndote soñar. ¿Podría ser que alguien esté esperando que tú fijes la norma en dicha área?

Parte 4

Los hábitos de las personas emocionalmente seguras

Hábito: *Patrón recurrente de comportamiento adquirido a través de la repetición frecuente.*

Día 22

Abrazar la individualidad

Uno hace diferencia entre día y día; otro juzga iguales todos los días. Cada uno esté plenamente convencido en su propia mente.

Romanos 14:5

Las personas emocionalmente seguras se sienten cómodas manteniendo su singularidad al tiempo que trabajan en armonía con los que son diferentes. Al observar los hábitos de las personas supremamente confiadas, creo que mantener la individualidad debería estar en la parte alta de la lista.

Libre para ser yo

Algunas personas sienten un verdadero temor a abrazar su singularidad. Preferirían vivir de acuerdo con el "instinto de rebaño". Todas sus acciones están determinadas por la conducta del grupo. El temor a ser juzgado o rechazado por ser diferente es demasiado grande. Las mujeres son famosas por resistirse a la individualidad. Cuando he participado en actividades en el exterior con otras mujeres, invariablemente recibo una llamada preguntándome qué pienso vestir, a pesar del hecho de que la invitación oficial al evento o de la naturaleza de la salida en sí dio claras indicaciones de qué era lo apropiado. "¿Te pondrás un vestido o pantalones?". Sé que las mujeres en general han sido socializadas para formar parte de un grupo, pero encuentro pocas cosas más agradables que una mujer que se siente relajada y cómoda con sus propias elecciones.

El apóstol Pablo fue un modelo de individualidad. Nunca intentó emular a los otros discípulos que habían gozado de una estrecha relación con Jesús. De hecho, cuando Dios cautivó su corazón y lo llamó a predicar a los gentiles, él no solicitó ninguna sugerencia ni truco de los discípulos más experimentados que tenían práctica en ello y habían andado con Jesús a diario. Piensa en su testimonio:

> *Cuando agradó a Dios... revelar a su Hijo en mí, para que yo le predicase entre los gentiles, no consulté en seguida con carne y sangre, ni subí a Jerusalén a los que eran apóstoles antes que yo; sino que fui a Arabia, y volví de nuevo a Damasco. Después, pasados tres años, subí a Jerusalén para ver a Pedro, y permanecí con él quince días (Gá. 1:15-18).*

Si bien Pablo no podía alardear sobre haber tenido una relación terrenal con Jesús, no sentía que no tuviera nada que aportar, aun considerando que había perseguido y matado a muchos cristianos. No iba a permitir que su pasado negativo le hiciera sentir incompetente o indigno de su tarea divina. Incluso se sintió lo suficientemente confiado como para regañar a Pedro por su hipocresía al comer y comulgar con los gentiles y luego ignorarlos cuando llegaban los judíos (Gá. 2:11-12). ¿Puedes imaginarte a este recién llegado regañando al gran pilar de la iglesia que tenía tanto poder que hasta su sombra había sanado a personas? Vaya, hay que ser el rey de la confianza para hacer eso.

Libre para ser tú mismo

Las personas emocionalmente seguras no solo tienen el valor de ejercer su singularidad, sino que también apoyan el derecho de otro individuo a ser diferente. Mi hermano Vernon es una persona así. Es un tipo al que le encanta divertirse y que vive y deja vivir. A cualquier persona que conoce, la abraza y la acepta incondicionalmente, sin importar lo extraño que pueda parecer. No es para nada proclive a criticar y respeta el derecho de todo el mundo a ser diferente. Es un verdadero imán de gente; las personas parecen conectarse con él instantáneamente. Al cabo de unos minutos de conocerlo, completos extraños le han invitado a unirse a sus actividades recreativas, a visitarlos en sus hogares o a asistir a algún evento en especial. El resto de los otros hermanos nos maravillamos por el favor que lo rodea.

Las personas emocionalmente seguras no insisten en el cumplimiento de las normas rígidas que solo tienen como base la tradición o las preferencias personales. No juzgan a los que se visten diferente. No creen que diferente signifique inferior o superior. (Solo para que conste, no apruebo vestimentas raras ni atavíos extraños que deshonran a Dios. Aceptar la individualidad de la otra persona no significa que deba aceptarse la inmoralidad. Estoy promoviendo una mentalidad de amor y aceptación que trascienda la mera apariencia física).

Las personas emocionalmente seguras no requieren que los demás aprueben con un sello sus ideas u opiniones, especialmente si se trata de asuntos no esenciales. Tengo dos amigas que emprendieron cada una su camino porque tenían opiniones diferentes acerca de la justicia de un veredicto dado en un asesinato de alto perfil. ¿Qué es lo que pasó con respetar la opinión del otro? Dicho sea de paso, si luchas en contra de que los demás tengan su opinión, una pregunta clave para hacerte a ti mismo es: "¿La postura de esta persona sobre este asunto influirá negativamente en mi vida?". De no ser así, sigue adelante. Si el asunto tiene consecuencias eternas —y la mayoría de los asuntos no las tienen— ora para que Dios le lleve (o tal vez a ti) hacia la luz de la verdad.

Acéptalo "tal como es"

Aceptar a los demás "tal como son" es a veces como un reto para mí porque suelo tener bastantes "reglas" sociales, tales como "no besar sonoramente", "no usar zapatos blancos después del Día del Trabajo", "no hablar en voz muy alta en público", y demás. Con frecuencia debo recordarme que aunque estas puedan ser las reglas de la etiqueta, tengo que aceptar el hecho de que otras personas eligen no cumplirlas.

Muchas mujeres han espantado o perdido buenas parejas por insistir en amoldarlas a su imagen tallada. Mi consejo a cualquier hombre o mujer es que decida si puede aceptar verdaderamente a una pareja potencial "tal como es". Es casi una paradoja universal que cuando una persona sabe que es aceptada incondicionalmente, luego desea cambiar para demostrar su aprecio por tal aceptación. Si estás buscando la perfección, detente. Siempre te eludirá. Decide cuáles son los aspectos *esenciales* para tus relaciones y luego acepta el hecho de que algunos rasgos o conductas nunca llegarán a alcanzar tu modelo ideal.

Definir tus aspectos esenciales

Quiero hacerte una advertencia. Ten cuidado al escuchar el consejo de los demás en el área de cuál es tu necesidad esencial en una relación romántica. Comprende que los factores esenciales varían según la persona. Lo que es tolerable o aceptable para uno puede no serlo para otro. Soy muy clara en una cosa. Si bien mi esposo adora la comida y se deleita al llegar a casa para comer una gran comida, si me enfrento al dilema de cocinar o limpiar la casa, sé que para él es más importante entrar en un entorno limpio, libre de desorden. Este es su factor esencial. Ahora bien, mi amiga Delisa cometería un gran error si, al enfrentarse con la misma decisión, eligiera limpiar la casa en lugar de cocinar. Para su esposo, la comida es esencial.

Debo reiterar que los factores esenciales pueden ser tan individuales como las papilas gustativas. Puede que quieras que tu cónyuge demuestre afecto, tenga una fuerte ética laboral, sea un apoyo emocional, participe de deportes y de actividades al aire libre, viaje y, por supuesto, tenga un firme compromiso con Dios. Supongo que no es necesario advertirte que si la persona no demuestra los factores esenciales durante el cortejo, cuando mejor comportamiento demuestran, entonces es altamente improbable que su conducta cambie significativamente después de decir: "Sí, quiero". Lo que ves es lo que obtendrás.

Reto a la confianza

- ¿Hay alguna área de tu vida en que temas ser tú mismo? ¿Por qué no dar un pequeño paso y ejercer deliberadamente tu individualidad durante la semana próxima? Además, la próxima vez que alguien exprese una opinión que sea contraria a la tuya, simplemente asiente y di: "Respeto tu derecho a diferir". Resiste el impulso de persuadirlos a que estén de acuerdo contigo.

Día 24

Trabajar en equipo

Y si alguno prevaleciere contra uno, dos le resistirán; y cordón de tres dobleces no se rompe pronto.

Eclesiastés 4:12

El Llanero Solitario, la Supermujer, Rambo y todo otro "fenómeno solitario" ya no son considerados como la solución a un problema insuperable. Lo que funciona es el trabajo en equipo. Incluso algunos animales practican el poder del trabajo en equipo. Por ejemplo, si bien los leones machos habitualmente no participan de la caza de comida, las leonas siguen haciendo que se cumpla el trabajo por medio de un sistema de cooperación; cazan en manadas. La mayor parte del grupo de caza perseguirá a su presa hacia otro grupo que está tumbado esperando. Luego este grupo corre un poco, salta sobre el blanco y lo mata. Misión cumplida.

El poder de la cooperación

Deuteronomio 32:30 habla de uno que persigue a 1000 y de dos que hacen huir a 10.000. La lección a aprender es que dos que trabajan juntos como equipo serán diez veces más efectivos que uno que lo haga solo. Los equipos crean sinergia. La mejor explicación de sinergia es que una mano es más efectiva que cinco dedos trabajando de forma independiente. Un día, mientras hacía ejercicio en el gimnasio de mi casa, decidí probar esta teoría. Usando varias pesas, resolví que un kilo era lo máximo que podía levantar con un solo dedo. Una vez que establecí ese hecho, quise ver cuánto peso podía levantar con todos los dedos cooperando juntos. Racionalicé que si podía levantar un kilo por dedo, entonces el resultado obvio usando los cinco debería ser cinco kilos. No fue así. Pude levantar 15 kilos con una sola mano. El trabajo en equipo creó sinergia.

Armoniosamente diferente

Funcionar efectivamente en un equipo no significa que alguien tenga que sacrificar su individualidad. Hay una diferencia entre cooperar y consolidar.

Obtengo gran deleite al observar lo bien que los músicos de mis iglesia trabajan en equipo. Cuando espío sus ensayos, con frecuencia advierto que el director no duda en parar todo cuando un instrumento en particular desafina. El músico que desafinó no se ofende, porque sabe que debe tocar en armonía con los demás para lograr un excelente producto final. Y vaya, excelencia es lo que producen. Son los mejores.

Una vez trabajé en un comité de gestión especial en una corporación mediana. Cada persona del comité tenía asuntos emocionales que hacían que él o ella fueran miembros ineficaces para el equipo. Que yo contara con mayor capacitación, educación y experiencia que ellos —junto con el hecho de que no quería participar— realmente afectó mi actitud hacia ellos. Un miembro del equipo era un hombre que decía "sí" a todo y nunca parecía tener un pensamiento original. Otro miembro del equipo, una mujer, había estado con la organización desde siempre, no tenía experiencia más allá de sus paredes y por ende era inflexible y estaba alejada del mundo real. Los tres miembros restantes simplemente eran incompetentes para sus cargos, lo que los mantenía en una modalidad de funcionamiento defensiva de no aceptar nunca la culpa. En retrospectiva, me di cuenta de que había desarrollado una actitud de impaciencia y falta de respeto por cualquier aporte que tímidamente presentaban. Simplemente asentía ante sus sugerencias, sabiendo que, si no actuaba, los planes nunca iban a llegar a buen puerto.

Una noche, cuando expuse mis frustraciones con el grupo al Señor, me di cuenta de que la causa clave de mi infelicidad era que concedía poco o ningún valor a sus aportes. Entonces decidí comenzar a buscar lo bueno en cada persona. Tomé nota del hecho de que el "señor sí a todo" era bastante agradable y se llevaba bien con todos. Se podía contar con su apoyo incluso si él no comprendía los temas. La "señora sin experiencia" era muy mayor e insegura para cambiar y continuaría siendo un problema, pero era el papel de lija que yo necesitaba para suavizar los bordes ásperos de mi paciencia subdesarrollada. Los otros miembros del equipo en realidad tenían deseos de aprender, pero eran muy inseguros debido a su limitado conocimiento y a sus habilidades no comerciales. Sin embargo, eran buenos escuchando. Ocasionalmente, debido a su antigüedad en la compañía, proporcionaban un buen discernimiento sobre el origen de determinados problemas operativos.

Me di cuenta de que Dios me había ubicado en la compañía por mi experiencia para que hiciera cambios. Ser pomposa e impaciente seguramente sabotearía mi tarea divina. Me humillé y me arrepentí por mi actitud altiva. Estoy convencida cada vez más, día tras día, de que la humildad es el camino más rápido a los lugares elevados en Dios y a lograr nuestras metas.

Cooperación humilde

Oí la historia acerca de dos cabras montesas que venían de lugares opuestos y se encontraron en un estrecho acantilado. El acantilado era lo suficientemente ancho como para que solo pasara una de ellas. De un lado estaba la empinada pared de la montaña y del otro, un risco. Las dos estaban enfrentadas, no había lugar para darse la vuelta y era imposible que alguna de ellas diera marcha atrás. ¿Cómo cree que resolvieron el dilema?

Si hubieran sido ciertas personas que conozco, hubieran comenzado a darse topetazos, insistiendo en su derecho a pasar hasta que ambas se cayeran por el precipicio. Pero, como cuenta la historia, estas cabras ejercieron más sabiduría que eso. La cabra A decidió recostarse y dejar que la cabra B literalmente caminara sobre ella. En consecuencia, cada una reanudó su camino y llegó a su destino. La humildad es necesaria para alcanzar nuestras metas. Sé que este concepto desafía nuestra mentalidad moderna de ser el número uno, pero he aprendido la diferencia entre dejar que alguien camine *sobre* uno y dejar que camine *por encima de* uno. Nunca puedes resultar dañado o estar en desventaja con alguien que camine sobre ti. Nadie puede bloquear tu destino. Ahora bien, solo las personas con baja autoestima permiten que las personas las pisen. Caminar sobre mí no me disminuye ni me pone en una situación de desventaja. La decisión de la cabra A de humillarse garantizó que alcanzara *su* meta.

La maldición de la competencia

La competencia en las relaciones personales es inútil y contraproducente; todos pierden. Una derrota puede reforzar las inseguridades existentes del perdedor mientras que la victoria puede hacer que el ganador cimente su seguridad en la débil base de vencer a los demás. Muchas personas competitivas son inseguras. Están obsesionadas con demostrar que son mejores que otra persona en una tarea u otra. No basta solo con *saber* que son mejores. Ellos deben demostrarlo constantemente, principalmente a ellos mismos.

Un espíritu cooperativo, en cambio, se convertirá en la norma una vez que abracemos el hecho de que plantamos semillas para nuestro éxito cuando apoyamos a los demás. Pongamos el caso de Pablo y Apolos. Podrían haber sido competidores en el ministerio. Ambos eran hombres educados y ungidos por Dios. De hecho, algunos de los cristianos de Corinto pensaban que tenían que escoger a quién seguir, a pesar de que ambos predicaban el mismo evangelio. Pablo les llamó la atención por sus actitudes carnales (1 Co. 3:4-9).

Uno de los valores centrales de mi vida profesional ha sido dejar mi ascenso y mi "exaltación" en manos de Dios. El apóstol Pedro advirtió: "Humillaos, pues, bajo la poderosa mano de Dios, para que él os exalte cuando fuere tiempo" (1 P. 5:6). Este pasaje de las Escrituras no significa que no debamos pedir lo que queremos o perseguir nuestras metas ardientemente. Lo que sí quiere decir es que debemos negarnos a participar en dar una puñalada por la espalda, rivalizar para obtener un favor, o cualquier otro método mundano para obtener un ascenso o una ventaja que asegure nuestro éxito. Dios orquesta las carreras de sus hijos. Cuando Él ha ordenado un ascenso, nada ni nadie puede detenerlo, ni siquiera ser arrojado al foso de un león. Pregúntale a Daniel (Dn. 6:1-28).

Formación de equipo

Si estás intentando formar un equipo, debes tener cuidado, como líder, de no sabotear la efectividad del grupo complaciendo o recompensando solo a las "estrellas" del equipo. Ya sea que suceda algo bueno o malo, todo el equipo debe compartir la gloria o el dolor. En la conmovedora película *Coach Carter* [El entrenador Carter], el entrenador de baloncesto de la escuela secundaria impuso un castigo de entrenamiento físico imposible a un talentoso, pero rebelde, jugador que había renunciado al equipo porque no quería someterse a las estrictas disciplinas del entrenador. Después de un tiempo, el jugador perdió la relación con el grupo y la oportunidad de ser parte de un equipo ganador. Él quiso ingresar de nuevo. El entrenador estuvo de acuerdo en permitirle que participara en el equipo bajo una condición: tenía que completar una cantidad extraordinaria de abdominales y "carreras suicidas" para una fecha determinada. Todos los ejercicios debían hacerse durante el entrenamiento regular del equipo ante los ojos atentos del asistente del entrenador. El último día, el penitente alumno no logró alcanzar su meta. El sabio entrenador le dijo que se fuera. En ese momento, sucedió una cosa extraña. Uno a uno, cada miembro del equipo, comprendiendo ahora qué significaba trabajar juntos, gradualmente se ofreció como voluntario para cumplir con su requisito. El entrenador, conmovido por su demostración de unidad, lo permitió y el jugador se volvió a unir al equipo. El grupo llegó a lograr un éxito sin precedentes.

Reto a la confianza

- En una escala de uno a diez, siendo diez el más alto, ¿cómo eres de efectivo como jugador de equipo?
- Explica tu puntuación.

Día 25

Participar de una retroalimentación constructiva

El que ama la instrucción ama la sabiduría;
mas el que aborrece la reprensión es ignorante.

Proverbios 12:1

Nadie es totalmente objetivo al evaluar su propio comportamiento. Todos necesitamos retroalimentación para nuestro crecimiento personal y nuestro desarrollo. Puesto que todos la precisamos, con frecuencia nos enfrentaremos al reto de ser el que recibe o el que da dicha útil comunicación. Lamentablemente, las personas inseguras no *buscan* ni *otorgan* una retroalimentación constructiva. Temen las respuestas negativas.

Vi un documental reciente sobre la carrera del Secretario de Defensa de Estados Unidos, Donald Rumsfeld. El comentarista lo describió como un "pararrayos para las críticas". Siguió advirtiendo que Rumsfeld siempre tuvo que tomar decisiones poco populares durante su carrera política y profesional. Rumsfeld, orientado hacia los objetivos, dijo: "Si no te critican, es probable que no estés haciendo mucho". Además declaró: "Cometer errores no es lo que importa; lo importante es corregirlos y continuar con la tarea principal". Estés de acuerdo o no con su política, debes admitir que estas son claramente las palabras de un hombre muy seguro.

Ofrecer retroalimentación constructiva

Ofrecer retroalimentación constructiva puede percibirse como algo negativo o positivo. Creo que incluso si la retroalimentación es negativa en el sentido de señalar una deficiencia o un área que necesita mejorarse, el objetivo siempre debe ser mejorar o desarrollar algún aspecto de la vida o la actuación de una persona. Lamentablemente, si quien la recibe tiene una baja autoestima, cualquier debilidad que se señale puede encontrarse con una actitud defensiva o incluso hostil. En consecuencia, la mayoría de las personas son renuentes a decir algo. Sin embargo, debemos tener la confianza y el valor para brindar información significativa, aun a riesgo de que alguien se moleste y nunca nos vuelva a hablar. Si de verdad nos importa alguien, debemos aprovechar la oportunidad, por su bien, de ayudarlo en su desarrollo.

La historia de Apolos brinda un ejemplo perfecto de cómo dar *y* recibir retroalimentación constructiva. Apolos era un judío culto que tenía un conocimiento profundo de las Escrituras y de la religión judía. Llegó a la ciudad de Éfeso más de 20 años después de la muerte de Cristo. "Este había sido instruido en el camino del Señor; y siendo de espíritu fervoroso, hablaba y enseñaba diligentemente lo concerniente al Señor, aunque solamente conocía el bautismo de Juan. Y comenzó a hablar con denuedo en la sinagoga; pero cuando le oyeron Priscila y Aquila, le tomaron aparte y le expusieron más exactamente el camino de Dios" (Hch. 18:25-26).

Aquila y Priscila eran un equipo de marido y mujer que construían tiendas y eran socios del apóstol Pablo en el ministerio. Habiendo escuchado predicar a Apolos, les resultó evidente que a pesar de su educación, su elocuencia y su entusiasmo, había algo que faltaba en su experiencia: un encuentro con el Espíritu Santo. Sabían que este componente marcaría la diferencia en su ministerio.

Debemos aplaudir la madurez espiritual de esta pareja piadosa que decidió ayudar a este joven a ser todo lo que pudiera ser para Dios. En lugar de menospreciarlo frente a los demás, de criticar su deficiencia, o de envidiar sus grandes habilidades de oratoria, le tomaron aparte y le explicaron todo el evangelio de Cristo.

Si Apolos hubiera sido orgulloso, un altivo sabelotodo, hubiera rechazado su consejo. En cambio, demostró humildad y capacidad de aprender al someterse a su guía. Plenamente equipado con la unción —sumado a ser experto en las Escrituras— Apolos se convirtió en un recurso aún más valioso para la obra del Señor. Él "fue de gran provecho a los que por la gracia habían creído; porque con gran vehemencia refutaba públicamente a los judíos, demostrando por las Escrituras que Jesús era el Cristo" (Hch. 18:27-28).

Practicar los principios

La capacidad de ofrecer una retroalimentación constructiva es una conducta aprendida. Cuanto más la practicamos, mejor lo hacemos. Veamos cuatro maneras prácticas, que honran a Dios, de brindar una información útil.

Orar. Ora antes de decidir acercarte a alguien con comentarios constructivos. Pídele a Dios que te revele tu verdadero motivo. ¿Estás enojado con la persona y quieres desahogarte? ¿Estás siendo crítico para sentirte mejor acerca de tus deficiencias e inseguridades? Una vez que tengas claro cuáles son tus motivos, debes orar para que la persona sea receptiva a tu información. Piensa qué le vas a decir. Obtén la guía de Dios. Cree que las palabras que Él te dará tendrán el impacto correcto. "Así será mi palabra que sale de mi boca; no volverá a mí vacía, sino que hará lo que yo quiero, y será prosperada en aquello para que la envié" (Is. 55:11).

De inmediato. No te retrases en brindar la retroalimentación necesaria. La situación solo continuará, y tal vez empeorará, cuando la persona no sea consciente de su deficiencia. Aquila y Priscila podrían haber dicho fácilmente: "Simplemente oraremos por Apolos, y tal vez Dios le revelará lo que debe saber". Una conversación rápida te permitirá citar con precisión casos específicos de la conducta problemática. Por supuesto, sería útil estar preparado para ofrecer sugerencias específicas para mejorar.

Personalmente. Ve tú mismo directamente hacia la persona, siempre cara a cara cuando sea posible. A nadie le gusta saber que has compartido sus deficiencias con todos los demás de su círculo de relaciones antes de hablar con él.

En privado. Asegúrate de que no haya nadie alrededor que escuche los comentarios. Aquila y Priscila no enfrentaron a Apolos en la sinagoga; le tomaron aparte para explicarle todo el evangelio de Cristo. Hacer comentarios constructivos en presencia de otras personas podría ocasionar que la persona se preocupe por ello; hay muchas posibilidades de que no absorba nada de lo que digas. Busca un lugar tranquilo donde puedas tratar los temas sin interrupción.

No te desilusiones si la persona no adopta de inmediato tus sugerencias. A veces la verdad es demasiado dolorosa para aceptarla rápidamente. Expresa tu apoyo y déjale el resto a Dios. Tú ya has hecho tu tarea.

Recibir retroalimentación constructiva

Por lo general no nos gusta oír sobre nuestras debilidades. Escuchar sugerencias, aunque se digan para ayudar, puede ser especialmente doloroso para las personas inseguras. Ellos interpretan toda mención de una necesidad de mejorar como una confirmación o prueba de sus peores temores: les está faltando algo.

Para poder caminar con confianza algún día, debes aprender a beneficiarte de esa información. Permíteme sugerirte cuatro formas de responder a dicha información no tan agradable de oír.

Escucha. No interrumpas con una explicación o excusa por tu comportamiento. Ponerte a la defensiva es con frecuencia la resistencia de tu carne al dolor de la verdad. Deja que tu lenguaje corporal indique que tienes la intención de oír todo lo que la persona te está diciendo. Evita sonreír con presunción, poner los ojos en blanco o parecer incrédulo. En cambio, intenta asentir con la cabeza, mirar a la otra persona a los ojos y hacer preguntas clarificadoras. Esto alentará a la persona a relajarse y a no buscar con tanta dificultad las palabras correctas para evitar ofenderte. Ante todo, no planees cómo responder; simplemente sigue escuchando. Además, ora en silencio para discernir motivos ocultos. Algunas personas simplemente disfrutan siendo críticas. Solo pueden sentirse bien consigo mismas cuando menosprecian a los demás.

Observa. Verifica si hay un núcleo de verdad. Por lo general hay algún ápice de verdad en la información negativa, especialmente cuando se oye de más de una persona. No le tengas miedo a la verdad. La verdad te liberará. No es tu enemiga; siempre será tu amiga. Recuerda el proverbio árabe que dice: "Si una persona te dice que eres un burro, no le prestes atención. Pero si cinco personas te dicen que lo eres, vete y cómprate una montura".

Aprende. Mantén la mente abierta a nuevas formas de comportarte. Pide sugerencias. El ministerio de Apolos adoptó un rumbo totalmente nuevo cuando abrazó la verdad que Aquila y Priscila le enseñaron.

Maneja los comentarios de forma similar a como comes el pescado con espinas: comes la carne y dejas las espinas. Debemos adoptar la actitud del apóstol Pablo: "Hermanos, yo mismo no pretendo haberlo ya alcanzado; pero una cosa hago: olvidando ciertamente lo que queda atrás, y extendiéndome a lo que está delante, prosigo a la meta, al premio del supremo llamamiento de Dios en Cristo Jesús" (Fil. 3:13-14).

Pablo nos advirtió que nos vistiéramos para el éxito espiritual colocándonos toda la armadura de Dios. Uno de los aspectos más críticos de la armadura es el escudo de fe, puesto que nos protege de los feroces dardos del enemigo. Debemos mantener nuestra armadura intacta y no permitir que las críticas penetren en nuestra alma, mente, voluntad o emociones.

Reto a la confianza

- Escribe una breve reseña de lo que le dirás a alguien a quien planeas o deseas brindarle una crítica constructiva.
- ¿Cómo te sentirías o responderías si fueras tú quien recibe esta información?

Día 26

Fijar límites

Mas si no oyereis estas palabras, por mí mismo he jurado, dice Jehová, que esta casa será desierta.

Jeremías 22:5

Dios tiene límites. La Biblia está repleta de sus mandamientos y de las consecuencias de no cumplirlos. Establecer límites es un tema popular en los círculos cristianos, ya que muchos creyentes están comenzando a comprender que ser un felpudo no los hace ser más piadosos.

Fijar límites

En el pasado, cuando enseñaba sobre resolución de conflictos, con frecuencia afirmaba que algunas personas no tenían límites. Sin embargo, he llegado a darme cuenta con el correr de los años que todos tenemos límites que no queremos que los demás traspasen. Algunas personas son muy directas al expresar esos límites, mientras que otras temen demasiado al rechazo y al alejamiento como para comunicarlos. Fijar límites puede ser algo arriesgado, y a veces requiere una verdadera seguridad emocional para aventurarse a hacerlo.

Cerrar la puerta

Si quieres acelerar tu crecimiento en el área de fijar límites, de inmediato debes comenzar a rechazar actividades que no te traen gozo y que no encajan con el propósito divino para tu vida.

Hace muchos años me ofrecía como voluntaria de vez en cuando para ser niñera de unos niños traviesos de nuestra iglesia. Mi meta era aliviar a una amiga que había sido manipulada para cuidarlos con más frecuencia de la que ella deseaba. Sabía que realmente ella necesitaba mi apoyo, puesto que era mucho mayor que yo. Después de un tiempo, los padres de estos niños comenzaron a pedir mis servicios directamente, incluso en momentos que había reservado para estar con mi esposo. Yo intentaba buscar una excusa legítima respecto a por qué no podía cumplir con su petición. En una ocasión, mi esposo, que oyó mi conversación telefónica tratando de salirme de la ahora temida tarea, dijo desde el fondo: "No tienes que dar explicaciones. ¡Simplemente di que no quieres cuidarlos!". Cuando más tarde reflexioné sobre mi renuencia a ser tan directa, me di cuenta de que temía perder la estima de esa pareja. Ellos tenían una posición de influencia en la iglesia, y yo sentía que era un privilegio tener una relación con ellos. Por supuesto, esto fue hace muchos años. Hoy día, sin dudarlo, les informaría rápidamente sobre cuándo o si estaría disponible.

Si estás empezando a desarrollar tu sentido de seguridad, puede que te sientas más cómodo respondiendo a una petición no deseada diciendo: "Lo lamento. Tengo otros compromisos previos".

Límites y consecuencias

Cuando nos volvemos lo suficientemente seguros como para establecer nuestros límites personales, también debemos dar un paso más y expresar las consecuencias que estamos dispuestos a poner en práctica cuando alguien los viole. Esto puede sonar un poco duro, pero los límites sin las consecuencias son solo deseos, y los deseos no cambiarán la conducta de nadie hacia nosotros. Es triste observar a los padres amenazando constantemente con castigar a sus hijos por un mal comportamiento, pero sin cumplir nunca con esa amenaza. Mi padre nunca hizo promesas vacías acerca de las consecuencias de nuestra desobediencia. De hecho, ¡sus amenazas y consecuencias siempre se daban simultáneamente! Vaya si nos hacía temer las consecuencias.

Los cristianos que creen que la misericordia debería durar para siempre consideran que no es piadoso imponer consecuencias. Tal vez deberíamos echar una rápida ojeada a algunos de los límites de Dios y las consecuencias relacionadas con ellos:

- He aquí que todas las almas son mías… el alma que pecare, esa morirá (Ez. 18:4).
- Si no oyereis, y si no decidís de corazón dar gloria a mi nombre, ha dicho Jehová de los ejércitos, enviaré maldición sobre vosotros, y maldeciré vuestras bendiciones (Mal. 2:2).
- Porque si perdonáis a los hombres sus ofensas, os perdonará también a vosotros vuestro Padre celestial; mas si no perdonáis a los hombres sus ofensas,

> tampoco vuestro Padre os perdonará vuestras ofensas (Mt. 6:14-15).

Dios deja muy claro que cuando violamos sus límites, sí habrá consecuencias. La opción es nuestra.

Así como Dios ha establecido un límite en las aguas del mar para que sus aguas no avancen (Job 38:8-11), del mismo modo debemos fijar límites sobre cuán lejos permitimos que la gente interactúe con nosotros. Cuando no logramos expresar nuestros límites, las personas no tienen muy claro qué conducta aceptaremos o toleraremos. Queda a su cargo la decisión basándose en sus propias preferencias, conveniencia o caprichos.

Los límites de la administración de la vida

Dios nos ha convertido en administradores en tres áreas clave de nuestras vidas, donde las líneas de interacción se vuelven borrosas si no las definimos con claridad. Veamos cuáles son.

Nuestro tiempo. El tiempo no discrimina a nadie. Seas rico o pobre, delgado o gordo, culto o no, todos tenemos 1440 minutos por día. Si no estructuramos nuestros días de acuerdo a nuestras prioridades, nos encontraremos constantemente frustrados y preguntándonos a dónde se fue nuestro tiempo.

Recuerdo una época en la que tenía una política de puertas abiertas en mi oficina. Mi meta era ofrecer un buen servicio al cliente para los jefes de departamento al estar disponible para abordar sus preocupaciones financieras y otras dentro del ámbito de mi responsabilidad.

Esta política convirtió mi oficina en una colmena de actividad. Había momentos en que hasta tres o cuatro personas estaban literalmente de pie en mi oficina esperando su turno para verme. Me sentía como Moisés en el desierto intentando abordar diariamente los problemas de cada persona de la multitud. Esto nos frustraba a ellos y a mí. Yo no necesitaba a un Jetro para que me dijera que lo que estaba haciendo no estaba bien (lee Éx. 18). Era evidente. Detuve de inmediato esta política. Enseguida les requerí a todos que concertaran una cita conmigo antes de venir a mi oficina. Algunos gerentes al principio se negaron a honrar mi solicitud, y deambulaban para tratar sus asuntos de todos modos. Debido a que la mayor parte del tiempo yo trabajaba con la puerta abierta, ellos suponían que estaba disponible. No tenían respeto por el hecho de que debía procesar mi infinita lista de cosas por hacer. Finalmente, comencé a trabajar con la puerta cerrada. Coloqué un cartel solicitando a todos los visitantes que concertaran una cita primero.

Encuentro que la gente en general no acepta demasiado bien una nueva estructura o un cambio. ¿Significa esto que debemos permitir que el caos o la desorganización continúen para evitar ser poco populares con los demás? ¡Dios no lo permita! En mi situación, repetidas veces expliqué que cuando honraban mi límite de tiempo, esto me permitía servirlos más efectivamente prestándoles toda mi atención.

Nuestros talentos. Es personalmente gratificante y eleva nuestra estima saber que tenemos una habilidad o talento que otras personas necesitan y desean. Sin embargo, también puede ser una fuente de frustración cuando otros llegan a la conclusión de que tienen derecho a usar *gratuitamente* tu talento simplemente porque sí.

Al ser contadora pública recibo numerosas llamadas solicitando servicios financieros que podría de hecho aceptar si quisiera trabajar 24 horas al día. Algunos provienen de viejos conocidos o amigos que esperan que haga el trabajo gratis. Ocasionalmente, me ofrezco como voluntaria durante mi hora de almuerzo dando una hora de mi cerebro. Sin embargo, he descubierto que las personas le dan poco valor a cualquier cosa que no les cuesta mucho. Por lo tanto, he elaborado una lista de profesionales que pueden acomodarse a sus necesidades.

Los límites nos mantendrán emocional y físicamente sanos. No tenemos que expresarlos con un espíritu maligno. No es una propuesta del tipo "o esto o aquello". Se trata más bien de decidir qué quieres o qué no quieres para tu vida.

Nuestro dinero. El tema financiero es una de las áreas más desafiantes al fijar límites. No es ningún secreto que la mayoría de los matrimonios fracasan debido a temas financieros. Las relaciones de larga duración pueden disolverse cuando uno no paga un préstamo personal. El consejo siguiente sobre fijar límites financieros es un extracto de mi libro *Show Me the Money!* [Muéstrame el dinero].

- Habla con tu cónyuge acerca de la cantidad máxima de dinero que cada uno de ustedes puede gastar sin obtener el permiso del otro. Toda cantidad que supere este límite se considerará "importante" y requerirá un acuerdo completo. Cada pareja define una "compra importante" de forma diferente, según sean los ingresos del hogar. Ajústate a lo que ha sido acordado. Confía en mí, esto es importante. Si no llegas a un acuerdo en una transacción, cuando las cosas salen mal la tendencia es a señalar con el dedo.

- Aconseja a tu familia que los préstamos personales están en contra de la "política de tu casa". Si decides hacer una excepción a la política, asegúrate de que tu cónyuge está totalmente de acuerdo. Establece los términos y las fechas de vencimiento por escrito.
- No permitas que tus hijos, tu cónyuge u otra persona sea irresponsable rescatándolo o siendo siempre su red de seguridad. Simplemente di que no. Si no dices que no, interrumpes uno de los principios más eficaces de Dios: sembrar y cosechar las consecuencias de la conducta individual. La verdadera madurez se produce cuando se aprende esta lección. ¡El amor debe ser duro! Si eres permisivo, pídele a Dios ahora mismo que te dé la fortaleza para dejar de serlo.[3]

A algunas personas les encanta la atención que reciben al servir o dar a los demás con una actitud de mártir. Conozco personas que dejan que otros violen sus límites pidiendo prestado dinero o manipulándolos para

3. Deborah Smith Pegues, *Show Me the Money!* (Los Angeles, CA: Wisdom Publishing, 2000), pp. 106-07.

conseguir otros favores. Cuando oigo a alguien decir algo así como: "Le di a María mi último dólar", debo resistir la tentación de decir: "¿Quién te obligó a hacerlo? ¿Cuál es tu recompensa? ¿La compasión o la atención tiene más valor para ti que el dinero en efectivo?". Detén la charada. Dios ama a quien da con alegría. Cualquier cosa que des, debes darla desde un corazón puro.

Sí, fijar límites de tiempo, talentos o dinero es una tarea sumamente problemática para los que son inseguros. Pero no debería serlo. La clave consiste en comenzar poco a poco con un tema que consideres que tiene poco riesgo o impacto sobre una determinada relación.

Reto a la confianza

- ¿En qué área de tu vida necesitas establecer un límite?
- ¿Por qué no lo has hecho? ¿A qué le temes realmente?

Día 27

Capacitar a los demás

Habiendo reunido a sus doce discípulos, les dio poder y autoridad sobre todos los demonios, y para sanar enfermedades. Y los envió a predicar el reino de Dios, y a sanar a los enfermos.

Lucas 9:1-2

Las personas emocionalmente seguras buscan capacitar a los demás. Jesús era un experto en esto. Al capacitar a sus discípulos, Él se aseguró de que su misión en la tierra continuaría siendo llevada a cabo mucho después de que Él se fuera. Cuando capacitamos, energizamos a los demás para que logren sus metas y las nuestras. Jesús practicaba este principio: "De cierto, de cierto os digo: El que en mí cree, las obras que yo hago, él las hará también; y aun mayores hará, porque yo voy al Padre" (Jn. 14:12).

Los minoristas de éxito saben que cuando capacitan a sus empleados para resolver las necesidades de sus clientes, han creado una situación en la que todos ganan. Por lo tanto, rápidamente les dan autonomía y flexibilidad en la toma de decisiones. Los resultados son clientes que vuelven y que disfrutan de la política de "sin problemas" y empleados que se sienten más facultados en sus empleos.

Por otra parte, algunos gerentes usan la falta de capacitación como medio para controlar a sus empleados.

Lamentablemente, estos gerentes no han aprendido a multiplicar su efectividad al hacer que otras personas tengan más poder. Los principios de la capacitación obran igualmente en nuestras vidas y en nuestro mundo laboral.

Hay varias estrategias para capacitar a los demás. Veamos algunas.

Informar/capacitar

No hay nada más desmoralizador que estar fuera del círculo de información que tiene impacto sobre uno. Por difícil que fuera para Jesús que lo comprendieran sus discípulos, Él sabía que tenía que informarles de los eventos futuros que los afectarían.

> *Habiendo salido de allí, caminaron por Galilea; y no quería que nadie lo supiese. Porque enseñaba a sus discípulos, y les decía: El Hijo del Hombre será entregado en manos de hombres, y le matarán; pero después de muerto, resucitará al tercer día (Mr. 9:30-32).*

Más tarde les dijo: "En la casa de mi Padre muchas moradas hay; si así no fuera, yo os lo hubiera dicho; voy, pues, a preparar lugar para vosotros. Y si me fuere y os preparare lugar, vendré otra vez, y os tomaré a mí mismo, para que donde yo estoy, vosotros también estéis" (Jn. 14:2-4).

Si aceptamos el axioma de que "la información es poder", uno pensaría que todos usarían esta herramienta para capacitar a los demás. Por desgracia, algunas personas retienen información como medio para controlar a los demás. Usan la incertidumbre para que los empleados adivinen sus problemas. Mantener a los demás en la oscuridad sobre asuntos clave sabotea la productividad y la creatividad.

En el lugar de trabajo, los empleados que reciben capacitación auspiciada por la compañía suelen ser más leales y productivos. Esa inversión en ellos les da una sensación de ser valorados y, por lo tanto, satisface una de las necesidades humanas básicas. Si se sienten bien respecto a sí mismos, se sentirán bien con la compañía y buscarán formas de devolver el favor.

La necesidad de estar informado no solo se limita al lugar de trabajo. Muchas esposas que se quedan en su casa no se sienten facultadas, ya que algunas de ellas no tienen conocimientos ni nada que decir sobre las finanzas familiares. He aconsejado a parejas en las que el esposo mantiene en la oscuridad a su esposa derrochadora, en lo que se refiere a los ingresos del hogar, en lugar de tratar directamente el tema de su irresponsabilidad. Ambos cónyuges deben estar involucrados en las decisiones económicas importantes y tener un entendimiento general de los ingresos y gastos mensuales.

Confianza

La capacitación se da cuando confías en las personas que tienen una tarea, sin controlar al milímetro todas sus acciones. Significa aflojar las riendas sobre *cómo* se hará algo mientras retienes el control sobre *qué* debe hacerse. Los expertos en la gerencia corporativa están todos de acuerdo en que los empleados actúan mejor cuando se les da libertad para hacer sus trabajos con cierto nivel de independencia. Comenzarán a sentirse dueños del proyecto, del trabajo o de la función. Siempre estoy atenta para escuchar una actitud de "nosotros" en vez de "ellos" cuando los empleados se refieren a su compañía o grupo. Sus palabras son un indicio seguro sobre cómo se sienten de capacitados.

En un matrimonio, una mujer sabia faculta a su esposo cuando demuestra que ella confía en su toma de decisiones. Una de mis mentoras, considerando mi fuerte personalidad, me dio algunos consejos sabios a principios de mi matrimonio sobre cómo facultar a mi marido. Ella me advirtió: "Todo lo que tú hagas, él no lo hará". Lo que quería decir era que si quieres que un hombre sea fuerte en un área, debes resistir la tentación de hacerlo y manejarlo por él. Ese fue uno de los mejores consejos que recibí jamás. Siendo contadora, parecía lógico que yo manejara las finanzas del hogar. Sin embargo, realmente quería que mi esposo dirigiera y fuera fuerte en esta área. Seriamente oré para que Dios le diera sabiduría. Mi gran miedo era que, puesto que él tenía una visión más equilibrada de la vida y le encantaba disfrutarla, pusiera más prioridad en una "inversión para la diversión" que en ahorrar o en invertir en activos productivos. Por la gracia de Dios, nunca me opuse a ninguna decisión financiera que él tomó. Hoy día él maneja nuestras finanzas con tal competencia que me siento perpleja por algunos de los aspectos técnicos de la banca en línea, cheques generados por computadora y programas de finanzas personales. Si hubiera elegido no ceder el control, esta tarea complicada seguiría siendo mi responsabilidad.

Dar importancia

Mostrar que te importan las personas más que lo que ellas pueden hacer por ti es un acto de capacitación. En estos días modernos de reducción de personal y recortes precipitados a fin de lograr beneficios, la lealtad del empleado está a la baja. Si bien puedes no tener un control directo sobre determinadas decisiones de la empresa, si eres gerente o supervisor lo menos que puedes hacer es demostrar a tu personal que ellos te importan.

Llevo a cabo una reunión semanal de oración con mi equipo. Oramos por sus preocupaciones personales, tales como necesidades del hogar, compras de autos y demás. Les doy breves presentaciones sobre cómo negociar hipotecas, manejar las finanzas personales, y otras áreas no relacionadas con el trabajo. Cuando me topo con información que es relevante para asuntos que un empleado puede estar enfrentando, se la doy. Los 20 minutos que invierto en este proceso son el uso más productivo que se puede dar a ese tiempo. Ha traído cohesión a un equipo que antes era inestable y belicoso. Los empleados que antes permanecían callados y replegados ahora piden ayuda y expresan sus necesidades personales.

Valorar

Con frecuencia reflexiono sobre el hecho de que Dios nos hizo a su imagen. Por lo tanto, creo que compartimos muchos de sus deseos. Por ejemplo, Él quiere que le alabemos, le agradezcamos y le valoremos por su bondad. Una de las advertencias más frecuentemente citadas para que hagamos eso se encuentra en Salmos 100:4-5:

"Entrad por sus puertas con acción de gracias, por sus atrios con alabanza; alabadle, bendecid su nombre. Porque Jehová es bueno; para siempre es su misericordia. Y su verdad por todas las generaciones".

Ahora bien, ¿cuántos de nosotros queremos ser alabados, agradecidos y valorados por el bien que hemos hecho? Es un deseo otorgado por Dios. Casi nada desmoraliza más que sentirse no valorado. He observado cómo una alabanza sincera energiza a una persona y la hace resplandecer como una flor mustia que acaba de ser regada. Desde que he desarrollado una campaña para valorar a los buenos trabajadores y para expresar mi creencia en sus habilidades y capacidades, he recibido tarjetas, regalos y favores a cambio. Ojalá hubiera empleado esta estrategia hace años en lugar de pensar que el salario era una motivación lo suficientemente buena.

También he adoptado el hábito de dejar mensajes de voz a amigos y miembros de mi familia simplemente para expresar cuán agradecida estoy por tenerlos en mi vida y alabarlos específicamente por cosas que han hecho o por cosas que admiro de ellos. Una amiga me dijo que ella guardaba el mensaje en su contestador telefónico para poder volver a escucharlo si necesitaba un aliento ocasional.

Ah, los dividendos que un esposo o una esposa o cualquier otra persona cosecharían expresando valoración por las pequeñas cosas. Si tu músculo de la gratitud se ha debilitado y das por sentada la mayoría de las cosas buenas y los esfuerzos, piensa en la lista que sigue de posibles tareas o responsabilidades para empezar a valorar cómo las hace tu cónyuge:

Sacar la basura	Lavar el auto
Llenar el tanque de gasolina	Pagar las facturas
Comprar los alimentos	Ir a trabajar
Lavar/doblar la ropa	Gastar sabiamente
Bañar a los niños	Elegir los regalos de cumpleaños de los familiares
Ser puntual	Limpiar la casa o la habitación
Regar el césped o las plantas	Apoyar tu carrera
Enviar las tarjetas de Navidad	Contar con él
Preparar la comida	Escuchar

La lista podría seguir y seguir. ¿Por qué no fijarse la meta de valorar por lo menos una cosa al día respecto a una persona particular en tu vida?

Cuando te sientes emocionalmente seguro, buscas formas de darles más poder a las personas manteniéndolas informadas, confiando en ellas, ocupándote de ellas o valorándolas. Esto traerá mayor equilibrio a tu vida además de elevar la estima y la productividad de la persona capacitada.

Reto a la confianza

- ¿Qué temor ha evitado que capacites a alguien en tu círculo de relaciones?
- ¿Qué harás hoy para comenzar con el proceso?

Día 28

Disfrutar del éxito

No que seamos competentes por nosotros mismos para pensar algo como de nosotros mismos, sino que nuestra competencia proviene de Dios.

2 Corintios 3:5

¿Sabías que no tienes que ser emocionalmente seguro para tener éxito? De hecho, la inseguridad es con frecuencia el factor catalizador que impulsa a muchos a lograr metas. Estas personas con frecuencia tuvieron éxito por temor a la pobreza, temor a repetir el destino del padre o de la madre, temor a desilusionar las expectativas de la familia o temor a una interminable lista de otras cosas. Sin embargo, lo que he aprendido es que la seguridad emocional es esencial si se quiere mantener la libertad requerida para gozar del éxito.

La relatividad de la riqueza

La riqueza es relativa. Alguien siempre tendrá más y alguien siempre tendrá menos que tú. Se requiere de un esfuerzo diario, concienzudo, para luchar contra el descontento y para disfrutar de cualquier nivel de éxito que ya se haya logrado.

Como pasatiempo, mi esposo y yo solíamos conducir por Beverly Hills para ver las increíbles casas que hay allí.

Aunque Dios nos ha bendecido y vivimos con bastante comodidad, con frecuencia regresábamos a casa frustrados por la extrema riqueza de aquellos cuyos recursos excedían en mucho a los nuestros. Nos lamentábamos por el éxito de los "malos" y nos alentábamos con la conclusión santurrona de que, al final, estábamos mucho mejor que ellos, porque éramos fieles dando el diezmo y honrábamos a Dios con nuestro dinero, ¡como si ninguno de ellos lo hiciera! (Hay muchos que lo hacen). Irónicamente, con frecuencia oíamos que alguien había venido a nuestra casa y había sentido una frustración similar cuando nos veía gozando de la abundancia de Dios. Ah, que el espíritu de contentamiento inunde nuestros corazones. ¡La vida sería tan feliz!

Abrazar el éxito de los demás

Algunas personas son demasiado inseguras para aplaudir el éxito o los logros de otro, ya se trate de un compañero de trabajo, un pariente lejano, un hermano, el cónyuge o incluso el hijo o la hija. Su mentalidad de escasez les hace sentir que deben tener un éxito comparable para no sentirse inferiores. Si de hecho pueden reclamar un logro personal similar, entonces lo mencionan rápidamente. Por ejemplo, Susana puede decirle a su amiga: "Me alegra que hayas disfrutado de tu viaje a Europa. Ahora, Sudáfrica es el lugar para ir. ¡Lo pasamos genial allí!". Cuando no pueden señalar un logro personal similar, con frecuencia compiten indirectamente mencionando la experiencia o el logro de otra persona. La persona sustituida puede ser su hijo o hija, un amigo o cualquier otro conocido. Por ejemplo, tomemos el caso de Lucía, que invitó a Juanita a ir a su casa a ver su cocina recién remodelada. Al verla, Juanita exclama: "Ah, deberías ver la nueva casa de mi amiga Patricia. ¡Su cocina es increíble!". Lo que Juanita está diciendo en realidad es: "Mi casa no se compara con la tuya, pero alguien a quien conozco tiene una casa que puede competir con tu casa".

Si te encuentras sintiendo la necesidad de competir cuando le hacen un cumplido a otra persona, reconócelo de inmediato y renuncia al espíritu de inseguridad que está intentando atraparte. Ponte a actuar y resiste la tentación de competir indirectamente. Comienza a rechazar este tipo de comportamiento respondiendo de la manera opuesta.

La nube de la envidia

Una de las deficiencias desafortunadas del éxito es que muchas personas están tan llenas de envidia por tu buena fortuna que no quieren que tú la disfrutes. Alguien dijo una vez: "Pocos hombres tienen la fortaleza de honrar el éxito de un amigo sin envidia". Es comprensible que muchas personas de éxito prefieran buscar nuevos amigos que no les hagan sentir culpables por haber trabajado arduamente, por haber pagado sus impuestos y por haber cosechado los beneficios, todo por la gracia de Dios.

Ansiedad ante el éxito

Es una tragedia superar todos los temores y obstáculos hacia el éxito solo para que los logros se vuelvan una fuente de frustración e infelicidad.

La ansiedad ante el éxito y la ansiedad ante la felicidad están estrechamente relacionadas. Recuerdo después de nuestro primer año de casados cómo me ponía nerviosa porque Darnell y yo no habíamos tenido esa explosiva pelea tan típica de las parejas jóvenes que intentan fundir sus preferencias, creencias, finanzas y otros aspectos de sus vidas. Me preocupaba especialmente nuestra armonía puesto que había crecido en una casa tumultuosa donde la paz y la comunicación efectiva solo existían en mis fantasías.

Finalmente, ya sin poder soportar la tranquilidad, le pregunté a Darnell: "¿Cuándo vamos a tener la gran pelea?". Me miró directamente a los ojos y con mucha ternura me aseguró que él no era, y nunca iba a ser, la persona que yo temía que fuera. Decidí darme permiso para ser feliz sin sentir que era una traición a mi madre si mi experiencia no se asemejaba a la de ella. De algún modo, había internalizado su mensaje sutil de que nadie podía estar felizmente casado. Sentía que ella quería que tuviéramos eso en común. Eso fue hace casi 26 años, y sigo felizmente casada con mi mejor amigo.

¿Qué debes hacer? Primero, agradece a Dios por comprender la raíz del problema. Segundo, háblalo con alguien que sepa escucharlo. Hablar es terapéutico, y con frecuencia ayuda a aliviar el problema de parte de su tensión. Tú ya sabes que lo que piensas está mal. A veces se necesita simplemente a alguien, no siempre a un terapeuta profesional, para que te lo diga. La felicidad es una opción. Ahora, tú eres un adulto independiente, pensante, con un destino personal que no depende de la experiencia de ninguna otra persona. Al oírte poner el problema en perspectiva, puede que te encuentres regularmente pronunciando las palabras de Salomón: "Conmigo está el consejo y el buen juicio; yo soy la inteligencia; mío es el poder" (Pr. 8:14).

Reto a la confianza

- ¿Alguna vez te encontraste minimizando tus logros o bendiciones para evitar crear envidia o desilusión en alguien?
- ¿Estás dispuesto ahora a abrazar y disfrutar de tu éxito?

Día 29

Experimentar paz

La paz os dejo, mi paz os doy; yo no os la doy como el mundo la da. No se turbe vuestro corazón, ni tenga miedo.

Juan 14:27

La paz mental es el bien más valioso del mundo. Nada puede compararse con ella. Todos desean paz interior pero muchos no la encuentran, porque la buscan en los sitios equivocados. Jesús dijo que la paz que Él da no llegaría de la misma forma que la del mundo: fama, éxito, amigos, ascenso, poder, atención, dinero y posesiones más grandes o en mayor cantidad. Nada externo jamás producirá paz mental. Las incertidumbres de la vida moderna pueden mantenernos en un estado de ansiedad respecto a temores reales e imaginarios.

Cuando recordamos que el significado de la raíz de "confianza" es "con fe", nos damos cuenta de que no puede haber confianza ni paz sin fe en un Padre infalible que nos da amor. Veamos brevemente algunos de los requisitos básicos para la tranquilidad interior.

Priorizar todo aspecto de tu vida según la Palabra de Dios

Cuando los fariseos le preguntaron a Jesús cuál era el mandamiento más importante de la ley, Él respondió:

"Amarás al Señor tu Dios con todo tu corazón, y con toda tu alma, y con toda tu mente. Este es el *primero* y grande mandamiento" (Mt. 22:37-38).

Hay dos aspectos de nuestras vidas en las que debemos colocar primero lo primero para experimentar paz: las finanzas y las relaciones.

Las finanzas. Obedecer las prioridades financieras de Dios eliminará la ansiedad y la inseguridad respecto a tu capacidad futura de mantener la riqueza que has ganado como resultado de tu esfuerzo. Cuando desobedeces, se debilita tu músculo de la fe: "Bendito el varón que confía en Jehová, y cuya confianza es Jehová. Porque será como el árbol plantado junto a las aguas, que junto a la corriente echará sus raíces, y no verá cuando viene el calor, sino que su hoja estará verde; y en el año de sequía no se fatigará, ni dejará de dar fruto" (Jer. 17:7-8).

Las relaciones. Dios y la familia —en ese orden— deben ocupar sus lugares apropiados en nuestros corazones y horarios. Los medios de comunicación nos bombardean semanalmente con las noticias de las últimas rupturas de parejas que han logrado fama y fortuna. Los divorcios de Hollywood son ahora un cliché. Lamentablemente, los fracasos en las relaciones no se limitan a Hollywood. Los divorcios también se están haciendo cada vez más comunes entre los líderes de Dios y los laicos. Los ministros le dan una equivocada prioridad al ministerio por encima de sus familias, todo en el nombre de servir a Dios. Algunos incluso han convencido a sus esposas de que es una prioridad aceptable para Dios. Las esposas sienten frustración y un resentimiento silencioso.

Aunque el ministro pueda lograr un éxito público, de hecho es un fracaso privado a los ojos de Dios. Cuando las parejas se separan, resulta evidente que una o ambas partes no están en armonía con los mandatos de Dios para las relaciones exitosas.

Espera más de Dios y menos de las personas

¿Alguna vez tuviste grandes expectativas sobre alguien que te falló o que frustró tus esperanzas? Esas experiencias pueden hacer que nos volvamos muy inseguros en nuestras relaciones. Si no tenemos cuidado, comenzamos a juzgar a todo el mundo de la misma forma. Lo que tenemos que recordar es que los seres humanos son propensos a desilusionarnos; no necesariamente a propósito, pero simplemente porque son meros humanos, hechos del polvo de la tierra. Debemos emular a nuestro Padre y extenderles gracia. "Como el padre se compadece de los hijos, se compadece Jehová de los que le temen. Porque él conoce nuestra condición; se acuerda de que somos polvo" (Sal. 103:13-14).

No podemos darnos el lujo de quedarnos atascados en la inseguridad o en la falta de perdón porque alguien no cumple con nuestras expectativas. Lo mejor que podemos hacer es orar para que las personas de nuestra vida sean sumisas a los caminos de Dios y esperar a que Dios responda a nuestras oraciones en su nombre. Si deseas cultivar la paz en tu vida, radica esta verdad en tu corazón y aprende a redirigir tus expectativas hacia Dios. El salmista se advirtió a sí mismo: "Alma mía, en Dios solamente reposa, porque de él es mi esperanza" (Sal. 62:5).

Cualquier cosa que alguien nos haga, siempre debemos recordar que Dios lo podría haber detenido en cualquier momento, pero que Él eligió no hacerlo. Evidentemente, Él consideró que nuestro crecimiento espiritual y madurez es una necesidad más importante.

Reconocer a Dios en todas nuestras decisiones

Puesto que la mayoría de nosotros solemos actuar como "hacedores humanos" en lugar de como "seres humanos", no invertimos el tiempo necesario para confirmar si estamos o no bajo la voluntad de Dios. En cambio, perseguimos inmediatamente la primera gran idea que aparece en nuestras mentes. Nada es más frustrante que descubrir que después de haber dedicado un tremendo esfuerzo a una tarea, Dios viene y dice: "No".

Cuando vamos por la vida de forma independiente y nos damos cuenta de nuestro error, esperamos que Dios nos ayude. A veces Él extiende su gracia y nos salva; otras veces se sienta de brazos cruzados y nos permite aprender la lección de que toda *buena* idea no es, necesariamente, una idea de *Dios*. El rey Salomón nos advirtió sobre el hecho de seguir nuestros propios instintos naturales. "Fíate de Jehová de todo tu corazón, y no te apoyes en tu propia prudencia. Reconócelo en todos tus caminos, y él enderezará tus veredas" (Pr. 3:5-6).

Cultivar el contentamiento

Las personas emocionalmente seguras han *aprendido* a practicar la paz. Aprender no es un proceso instantáneo, implica estudiar y aplicar conceptos. El apóstol

Pablo dijo: "No lo digo porque tenga escasez, pues he aprendido a contentarme, cualquiera sea mi situación. Sé vivir humildemente y sé tener abundancia; en todo y por todo estoy enseñado, así para estar saciado como para tener hambre, así para tener abundancia como para padecer necesidad" (Fil. 4:11-12).

Cuando cultivas el contentamiento en todos los aspectos de tu vida, ya no eres susceptible a las afirmaciones de los medios de comunicación o de otras personas respecto a lo que es "menos que" y lo que "necesitas más". Nadie puede convencerte de que alguna "cosa" va a traerte satisfacción. "Pero", puede que preguntes, "¿y si quiero más? ¿Debo estar satisfecho con vivir una vida mediocre? ¿Estás defendiendo la complacencia?". De ningún modo.

Estoy defendiendo una actitud de gratitud por lo que ya tienes y por la fe de creer que Dios considerará tu solicitud de tener más y te otorgará lo que necesites y desees en un tiempo determinado. Algunas personas tienen pensamientos del tipo "una cosa o la otra" y suponen que Dios quiere que ellos tengan muy poco. Como tales, ensalzan las virtudes de la pobreza y la negación de las cosas materiales como la clave para la paz y el contentamiento. El profesor de Biblia Chip Ingram dijo en una transmisión radiofónica reciente: "La prosperidad no tiene el poder de darnos contentamiento, ni la pobreza el poder de quitárnoslo".

Eliminar toda injusticia

El profeta Isaías proclamó: "El efecto de la justicia será paz; y la labor de la justicia, reposo y seguridad para siempre" (Is. 32:17).

La justicia es simplemente estar en buena posición ante Dios. Caminar rectamente ante Él es básico para la paz interior. Hay una relación estrecha entre hacer las cosas bien y experimentar la paz. El pecado nos desconecta de Dios, que es nuestra fuente de poder y que nos permite ser competentes y suficientes para cada tarea. Vivir con una moral elevada nos coloca debajo del paraguas de su protección y nos escuda ante la incertidumbre que acosa a los que son desobedientes.

Digamos que tu inseguridad te hace mentir diciendo que tienes un determinado nivel de bienes o que tienes estrechas relaciones con ciertas personas "importantes". Sabes que tu exageración en realidad es una forma de mentira, pero parece funcionar para ti al obtener la atención y la admiración que deseas. ¿Qué haces? ¿Seguir siendo deshonesto? Por supuesto que no. Te das cuenta de que tu conducta está poniendo en peligro tu relación con tu Padre celestial, de quien dependes para tu existencia diaria. Toma la decisión de ser auténtico, de valorar los talentos y los dones que te han sido dados y de confiar en Dios y no en mentiras que te otorgan favores con las personas.

Hay una seguridad serena, un sentido de paz que emana de quienes confían en el Señor. No tienen una mentalidad de escasez que les hace dudar de ayudar a los demás; cooperan gozosamente. Saben que su destino está sellado. Las personas seguras andan en paz porque han aprendido a inmovilizar sus *pensamientos* negativos aunque sus *circunstancias* negativas puedan predominar. Están libres de la turbulencia emocional. Saben que para andar en confianza suprema, deben dejar de lado todo pensamiento que no sea coherente con lo que conocen de Dios. Practican vivir por la fe, en lugar de por lo que sienten o ven. Han dejado de temer a la separación y al abandono. Confían en Dios para que cuide sus relaciones.

Experimentar la paz que caracteriza la vida de las personas emocionalmente seguras requiere una entrega total de nuestra voluntad, nuestras ambiciones y deseos al único que conoce nuestras vidas desde el principio hasta el final. Significa permanecer consciente en todo momento de la presencia de un Padre que nos cuida.

Reto a la inseguridad

- Habiendo abrazado la verdad de Salmos 139:16, que nos recuerda que todos los días ordenados para nosotros fueron escritos en su libro antes de que sucediera uno de ellos, nombra una cosa por la que hayas decidido dejar de quejarte.
- ¿Cómo cambiarás tu conducta o conversación como resultado de esta decisión?

Día 30

Andar en victoria

A veces hay que abrirse camino hacia la victoria. Dicho de forma sencilla, debes comenzar a actuar como una persona emocionalmente segura. Ahora que has buscado al Señor y que has aceptado por fe que Él te ha librado de tus temores, puedes comenzar a ser un ejemplo genuino de persona segura. Las emociones le siguen al comportamiento. Empezarás a sentirte más seguro cuando comiences a tener una conducta segura.

Así como David corrió hacia el gigante filisteo físicamente intimidante, así debemos aprender a correr hacia el gigante emocionalmente intimidante de la inseguridad. No debemos escondernos y simular que la inseguridad no está allí; no podemos sanarnos de aquello que hemos ocultado. Debemos confesar nuestra inseguridad y conquistarla con la Palabra de Dios.

Amasar los bienes mundanos tales como ropa de diseño, autos flamantes, cantidades enormes de dinero, o una lista de amigos influyentes será tan poco efectivo para curar la inseguridad como colocar un esparadrapo sobre el cáncer. Las fachadas de confianza son solo eso: fachadas. No vencerán a la inseguridad. Debemos matar a este gigante con armas espirituales.

Los principios para superar la inseguridad son muy simples:

- Reconoce tu principal temor. El autoengaño te mantendrá en el pozo de la inseguridad.
- Cree que Dios puede liberarte y que lo hará. Nada es demasiado difícil para Él.
- Cambia tus pensamientos. La conducta le sigue a la creencia. Desecha todo pensamiento de incompetencia y todas las demás imaginaciones que te privan de seguridad.
- Decreta tu victoria desde la Palabra de Dios. Su Palabra sanará todos tus males.

Estos pasos son simples, pero no sencillos. Debes ser como el pez rémora y estar conectado a un Dios omnipotente, omnisciente y omnipresente. Confiesa a diario: "Estoy rodeado del favor de Dios. Estoy a salvo, soy seguro, suficiente. Estoy seguro".

El presidente sudafricano Nelson Mandela, en su discurso inaugural de 1994, declaró elocuentemente:

> *Nuestro temor más profundo no es a no ser competentes. Nuestro temor más profundo es que somos poderosos más allá de toda medida. Es nuestra luz, no nuestra oscuridad lo que nos asusta. Nos preguntamos: ¿Quién soy yo para ser brillante, sensacional, talentoso y fabuloso? En realidad, ¿qué debemos no ser? Eres un hijo de Dios. Ser insignificante no le sirve al mundo. No hay nada esclarecedor en hundirse para*

que otras personas no se sientan inseguras alrededor de ti. Nacimos para manifestar la gloria que está dentro de nosotros. No solo está en algunos de nosotros; está en todos. Y a medida que dejamos que nuestra propia luz brille, inconscientemente les damos permiso a los demás para que hagan lo mismo. Al liberarnos de nuestros temores, nuestra presencia libera automáticamente a los demás.

Apéndice A

Oración de sanación para la inseguridad

Padre, vengo valientemente ante tu trono de gracia para obtener misericordia y hallar gracia para librarme de la inseguridad emocional (He. 4:16).

Permanezco en tu Palabra, que me asegura que eres capaz de que toda tu gracia abunde alrededor de mí para que siempre tenga suficiencia en todas las cosas y que abunde en toda buena obra (2 Co. 9:8).

Desecho todo pensamiento de incompetencia y toda imaginación que surge contra lo que tu Palabra dice sobre quién soy y qué puedo hacer (2 Co. 10:5).

Me resisto a cualquier ansiedad sobre la posibilidad de perder una posición social, profesional o de otro tipo, o una relación deseada. Sé que nadie puede impedir tu propósito para mi vida. Tú, oh Señor, has sellado mi destino (Is. 14:27) y cuidas todo lo que es mío (Sal. 16:5).

Gracias, Padre, por mis características físicas inmutables. Me arrepiento de todas las veces que he rechazado tu diseño y que permití que la inseguridad entrara debido a las normas mundanas. Sé, según tu Palabra, que tú deliberadamente me formaste en el vientre para ser tu siervo. Por lo tanto, descanso y me regocijo en la verdad de que he sido diseñado para mi destino y que soy perfecto para mi propósito (Is. 49:5).

A causa de tu gracia, no ando con dudas sobre mí mismo ni con confianza en mí porque sé que fuera de ti no puedo hacer absolutamente nada (Jn. 15:5). Por lo tanto, mis ojos están solamente en ti para hacer en exceso, en abundancia, por encima de todo lo que podría pedir o pensar de acuerdo a tu poder que obra en mí (Ef. 3:20).

Te doy las gracias porque, cuando he orado, tú me has oído y me has liberado de todos mis temores; ya no tienen poder sobre mi vida (Sal. 34:4).

Gracias por la confianza suprema que es mía porque estoy conectado contigo, mi Padre todopoderoso, omnisciente y omnipresente. En el nombre de Jesús. Amén.

Apéndice B

Pasajes de las Escrituras que eliminan la inseguridad

Como hijos de Dios en una batalla para vencer la inseguridad y para andar en confianza suprema, debemos tener un arsenal de pasajes de las Escrituras guardados en nuestros corazones para poder responder rápidamente a los ataques de Satanás. Él sólo respeta la Palabra de Dios. Debemos poder decir con confianza: "Esta escrito...". Si no sabemos lo que está escrito, no sabremos que un pensamiento ha surgido contra lo que Dios ha dicho acerca de quiénes somos y qué podemos hacer. Se deben desechar los pensamientos negativos con una cita de la Palabra. A continuación hay ejemplos de las Escrituras para guardarlos en tu corazón como armas de defensa y ataque para conquistar la inseguridad.

En el temor de Jehová está la fuerte confianza.

PROVERBIOS 14:26

Yo soy la vid, vosotros los pámpanos; el que permanece en mí, y yo en él, éste lleva mucho fruto; porque separados de mí nada podéis hacer.

JUAN 15:5

No que seamos competentes por nosotros mismos para pensar algo como de nosotros mismos, sino que nuestra competencia proviene de Dios.

2 CORINTIOS 3:5

En todas estas cosas somos más que vencedores por medio de aquel que nos amó.

ROMANOS 8:37.

Como todas las cosas que pertenecen a la vida y a la piedad nos han sido dadas por su divino poder, mediante el conocimiento de aquel que nos llamó por su gloria y excelencia.

2 PEDRO 1:3

Y esta es la confianza que tenemos en él, que si pedimos alguna cosa conforme a su voluntad, él nos oye. Y si sabemos que él nos oye en cualquiera cosa que pidamos, sabemos que tenemos las peticiones que le hayamos hecho.

1 JUAN 5:14-15

Porque los ojos de Jehová contemplan toda la tierra, para mostrar su poder a favor de los que tienen corazón perfecto para con él.

2 Crónicas 16:9

Busqué a Jehová, y él me oyó, y me libró de todos mis temores.

Salmos 34:4

Por nada estéis afanosos, sino sean conocidas vuestras peticiones delante de Dios en toda oración y ruego, con acción de gracias. Y la paz de Dios, que sobrepasa todo entendimiento, guardará vuestros corazones y vuestros pensamientos en Cristo Jesús.

Filipenses 4:6-7

Y poderoso es Dios para hacer que abunde en vosotros toda gracia, a fin de que, teniendo siempre en todas las cosas todo lo suficiente, abundéis para toda buena obra.

2 Corintios 9:8

Ninguna arma forjada contra ti prosperará, y condenarás toda lengua que se levante contra ti en juicio. Esta es la herencia de los siervos de Jehová, y su salvación de mí vendrá, dijo Jehová.

Isaías 54:17

Y sabemos que a los que aman a Dios, todas las cosas les ayudan a bien, esto es, a los que conforme a su propósito son llamados.

Romanos 8:28

Porque Jehová será tu confianza.
PROVERBIOS 3:26

En el día que temo, yo en ti confío.
SALMOS 56:3

Porque no nos ha dado Dios espíritu de cobardía, sino de poder, de amor y de dominio propio.
2 TIMOTEO 1:7

Amados, si nuestro corazón no nos reprende, confianza tenemos en Dios; y cualquiera cosa que pidiéremos la recibiremos de él, porque guardamos sus mandamientos, y hacemos las cosas que son agradables delante de él.
1 JUAN 3:21-22

Y el efecto de la justicia será paz; y la labor de la justicia, reposo y seguridad para siempre.
ISAÍAS 32:17

Porque tú, oh Jehová, bendecirás al justo; como con un escudo lo rodearás de tu favor.
SALMOS 5:12

Porque tú, oh Señor Jehová, eres mi esperanza, seguridad mía desde mi juventud. En ti he sido sustentado desde el vientre.
SALMOS 71:5-6

Bendito el varón que confía en Jehová, y cuya confianza es Jehová. Porque será como el árbol plantado junto a las aguas, que junto a la corriente echará sus raíces, y no verá cuando viene el calor, sino que su hoja estará verde; y en el año de sequía no se fatigará, ni dejará de dar fruto,

Jeremías 17:7-8

Acerquémonos, pues, confiadamente al trono de la gracia, para alcanzar misericordia y hallar gracia para el oportuno socorro.

Hebreos 4:16

De manera que podemos decir confiadamente: El Señor es mi ayudador; no temeré lo que me pueda hacer el hombre.

Hebreos 13:6

El que confía en su propio corazón es necio; mas el que camina en sabiduría será librado.

Proverbios 28:26

Mi embrión vieron tus ojos, y en tu libro estaban escritas todas aquellas cosas que fueron luego formadas, sin faltar una de ellas.

Salmos 139:16

Estando persuadido de esto, que el que comenzó en vosotros la buena obra, la perfeccionará hasta el día de Jesucristo.

Filipenses 1:6

Torre fuerte es el nombre de Jehová; a él correrá el justo, y será levantado.

PROVERBIOS 18:10

Y he aquí yo estoy con vosotros todos los días, hasta el fin del mundo. Amén.

MATEO 28:20

Deborah Smith Pegues ha preparado un devocionario de treinta días para ayudar al lector a controlar su lengua poca disciplinada y transformarla en un recurso de gran valor. El lector aprenderá a: parar de decir las cosas inadecuadas en el momento inadecuado en la manera inadecuada, usar las palabras que ayuden a otros, y evitar los escollos y consecuencias de las mentiras, la adulonería y las exageraciones.

¡Un plan simple y práctico para tomar las riendas de sus excedidos hábitos de gastos en solo treinta días! Este libro en formato pequeño es como tener un consejero a tu lado para ayudarte con tus decisiones financieras. Los temas expuestos en este libro son de fácil lectura y te enseñaran como disminuir tus deudas, ahorrar con propósito y planificar tus gastos.

La combinación perfecta de anécdotas y principios bíblicos llenan los capítulos de esperanza e inspiración para convertir en realidad tu sueno de un futuro financiero saludable.

Con claridad meridiana adquirida gracias a su experiencia como consejera certificada en comportamiento, la autora de más venta Deborah Smith Pegues te enseña como puedes cambiar tu comportamiento autodestructivo, evaluar tus expectativas, fortalecer tu sistema de apoyo y 27 cosas más.

Combina historias cortas, anécdotas, preguntas profundas y afirmaciones basadas en la Biblia para proporcionar caminos prácticos para que en solo treinta días tengas menos estrés y disfrutes más de la vida.

Una poderosa guía para superar esas malas actitudes que pueden hacer fracasar tus relaciones personales y profesionales. La autora utiliza ejemplos clásicos y de la vida moderna para ayudar a los lectores a reconocer y superar comportamientos contraproducentes como anticipar el fracaso, despreciar el éxito de los demás, ser indiferente a las necesidades de otros, y criticar la conducta o las decisiones de otras personas.

Deborah Smith Pegues ofrece una guía indispensable para superar el enojo y la frustración. Pegues utiliza ejemplos bíblicos y modernos para ayudar a los lectores a identificar los hábitos destructivos que privan a hombres y mujeres de la plenitud de la vida y desbaratan sus relaciones personales y profesionales. Los lectores descubrirán estrategias para controlar el enojo.

El libro proporciona principios bíblicos, retos personales para el corazón, y oraciones y afirmaciones alentadoras que guiarán a los lectores hacia una nueva sensación de libertad.

EDITORIAL
PORTAVOZ

NUESTRA VISIÓN

Maximizar el efecto de recursos cristianos de calidad que transforman vidas.

NUESTRA MISIÓN

Desarrollar y distribuir productos de calidad —con integridad y excelencia—, desde una perspectiva bíblica y confiable, que animen a las personas a conocer y servir a Jesucristo.

NUESTROS VALORES

Nuestros valores se encuentran fundamentados en la Biblia, fuente de toda verdad para hoy y para siempre. Nosotros ponemos en práctica estas verdades bíblicas como fundamento para las decisiones, normas y productos de nuestra compañía.

Valoramos la excelencia y la calidad
Valoramos la integridad y la confianza
Valoramos el mérito y la dignidad de los individuos y las relaciones
Valoramos el servicio
Valoramos la administración de los recursos

Para más información acerca de nuestra editorial y los productos que publicamos visite nuestra página en la red: www.portavoz.com

SOCCER VERSUS FOOTBALL

In most of the rest of the world, soccer is called "football." That's because it largely involves players using their feet to kick a ball around a field. It's different from the football played in the United States. Modern soccer can be traced back to rugby and older versions of soccer played in different civilizations.

is the winner. If the two teams have the same number of points, it's a tie (or draw).

Some games can't end in a tie, though. That usually happens in an important competition, such as in a championship game. If this kind of game does end in a tie, the game will go into extra time. Extra time lasts for 30 minutes with 15-minute halves. If the game remains tied, then a winner will be decided by penalty kicks. In this situation, five people on each team are chosen to try to score a goal with just the goalie protecting the net. The team that scores more goals wins. If it's still

SPORT SHORT

Queen Victoria was the ruler of England when Liverpool FC was started.